电子商务专业新形态一体化系列教材

直播电商实务

主　编	杨炳光	骆愫颖	
副主编	赵金杰	张梦依	陈　琦
	赖　涛		
参　编	陈培英	刘蕴丹	陈柏蓝
	肖瑞睿	马小红	蔡　聪

北京理工大学出版社
BEIJING INSTITUTE OF TECHNOLOGY PRESS

内容简介

本书作为中等职业教育电子商务专业、直播电商服务专业核心课程教材，遵循学生的认知规律，以直播工作过程为依据，以项目任务式为编写结构，以行动导向教学模式为主导，是理实一体的新形态教材。本书包括认知直播电商、组建直播团队、规划直播货品、筹备直播间、策划直播内容、推广直播活动、实施直播活动以及复盘直播活动8个项目。

本书可作为职业院校的电子商务专业、直播电商服务专业、市场营销专业等商贸相关专业学生的教材，也可作为现代服务业相关专业辅助教材，还可作为企事业单位从事直播电商人员的参考用书。

版权专有　侵权必究

图书在版编目（CIP）数据

直播电商实务 / 杨炳光, 骆愫颖主编. -- 北京：北京理工大学出版社, 2023.12

ISBN 978-7-5763-3299-5

Ⅰ. ①直… Ⅱ. ①杨… ②骆… Ⅲ. ①网络营销 Ⅳ. ①F713.365.2

中国国家版本馆CIP数据核字(2024)第015724号

责任编辑：时京京		**文案编辑**：时京京	
责任校对：刘亚男		**责任印制**：边心超	

出版发行 / 北京理工大学出版社有限责任公司

社　　址 / 北京市丰台区四合庄路6号

邮　　编 / 100070

电　　话 / （010）68914026（教材售后服务热线）

　　　　　　（010）68944437（课件资源服务热线）

网　　址 / http://www.bitpress.com.cn

版 印 次 / 2023年12月第1版第1次印刷

印　　刷 / 定州市新华印刷有限公司

开　　本 / 889 mm × 1194 mm　1/16

印　　张 / 15

字　　数 / 252千字

定　　价 / 49.00元

图书出现印装质量问题，请拨打售后服务热线，负责调换

前 言

二十大报告指出，必须坚持守正创新；推动战略性新兴产业融合集群发展；加快发展数字经济，促进数字经济和实体经济深度融合，打造具有国际竞争力的数字产业集群。而直播电商是数字化时代背景下直播与电商双向融合的产物，是电商产业的新模式、新业态。直播电商的崛起推动了各行业的发展，带就业、促内需、稳增长，为经济发展注入了新动能。

本书坚持科学性、实用性和新颖性原则，通过校企合作专业实践，结合就业岗位需求，注意项目化、情景化、智能化，力求成为学生易懂会做的学习课本、老师易教好教的教学教材。新《职业教育法》强调，以就业为导向转变为升学与就业并重，发挥中等职业教育基础性作用。

本书作为中等职业教育电子商务专业、直播电商服务专业核心课程教材，遵循学生的认知规律，以直播工作过程为依据，以项目任务式为编写结构，以行动导向教学模式为主导，是理实一体的新形态教材。本书包括认知直播电商、组建直播团队、规划直播货品、筹备直播间、策划直播内容、推广直播活动、实施直播活动以及复盘直播活动 8 个项目。

本书具有以下特色：

1. 对接岗位，充分体现直播岗位活动特点。

本书对接直播岗位工作过程，构建以直播职业能力为逻辑导向的项目化教学内容，将直播岗位任务迁移至教学过程中，按循序渐进的学习过程来实施不同工作阶段的学习项目。每个项目包括项目引言、项目目标以及知识导图。项目引言帮助学生理解工作内容的性质、要求以及意义；项目目标以岗位要求为依据，从知识、技能、素养三个角度明确学生学习目标；知识导图便于学生概括性了解项目内容，为任务学习做好充分准备。

2. 精心设计任务内容，有效开展渗透精神文化。

每个项目包括若干具体的知识单元，每个知识单元再分解成知识探究、知识学习、知识拓展三个部分。知识探究为本单元知识介绍引入，知识学习为完成该任务的必备知识，知识拓展涵盖了行业新工艺、新技术、新方法、新规范的四新内容，以党的二十大报告精神为切入点，如乡村振兴、文化自信、绿色发展等，有效渗透精神文化。

3. 创新开发任务工单，实现做中学、学中做。

创新开发直播岗位任务工单，每个任务工单包括任务描述、任务分析、任务实施、任务反馈、任务总结和任务评价五个部分，层层递进引领学生完成任务。学生在知识学习中了解直播理论基本知识、熟悉直播基本技能，在任务工单中完成知识的内化和技能的应用。学生边做边练，教师边教边做。

4. 构建不同产品的工作情境，培养学生职业素养。

每个项目以不同的产品为主线，基于任务要求，构建虚拟工作情境，让学生以职业人身份去感受并完成任务，培养学生的职业素养。产品贯穿理论学习和技能应用全过程，品类丰富多样，包括助力乡村振兴的农产品、弘扬传统文化的非遗产品、跨境出口的国货护肤品等，用产品传承匠心品质、厚植家国情怀。

5. 建设丰富的配套教学资源，提高教学效果。

本书依托互联网技术，开发教材配备线上精品课程、电子课件，电子教案、拓展资料等教学资源，融合线上与线下、动态与静态、近程与远程教学，提高教学效果，充分体现数字化、立体式新形态教材的特点，图文并茂、形式活泼、生动有趣、通俗易懂。

目录 CONTENTS

项目一　认知直播电商 ………………………………… 1
知识单元一　直播电商的常见方式 ……………………… 2
知识单元二　主流直播电商平台及特点 ………………… 7
知识单元三　直播电商行为规范 ………………………… 13

项目二　组建直播团队 ………………………………… 17
知识单元一　配置直播团队 ……………………………… 18
知识单元二　打造主播 …………………………………… 23

项目三　规划直播货品 ………………………………… 27
知识单元一　精选直播货源 ……………………………… 28
知识单元二　确定直播排品 ……………………………… 34

项目四　筹备直播间 …………………………………… 39
知识单元一　搭建直播间 ………………………………… 40
知识单元二　调试直播设备 ……………………………… 46
知识单元三　设置直播平台信息 ………………………… 49

项目五　策划直播内容 …… 53

知识单元一　编写直播脚本 …… 54
知识单元二　设计直播话术 …… 62

项目六　推广直播活动 …… 71

知识单元一　熟悉直播引流形式和渠道 …… 72
知识单元二　图文与短视频推广 …… 77

项目七　实施直播活动 …… 87

知识单元一　预热开场 …… 88
知识单元二　介绍产品 …… 94
知识单元三　促单转化 …… 101
知识单元四　结束直播 …… 107

项目八　复盘直播活动 …… 111

知识单元一　了解复盘知识 …… 112
知识单元二　分析复盘数据 …… 118

项目一　认知直播电商

项目引言

直播电商从 2009 年开始萌芽，经历了探索期和爆发期。2022 年，直播电商的市场份额已经占整个电商市场的 30%，抖音、快手等直播平台已经成为人们集娱乐和购物于一体的工具。2021 年，国家人社局正式把网络主播岗位纳入职业名录。2022 年，教育部批准设立直播电商专业；同年，中国广告协会制定《网络直播营销行为规范》。市场有需求、人才有培养、法律有保障，直播电商作为电子商务的一个重要分支必将蓬勃发展。我们学习直播电商，就得先认知直播电商，熟悉它的方式、主流平台的特点以及行为规范，为进一步学习直播电商打下坚实基础。

项目目标

知识目标

1. 熟悉直播电商的常见方式、直播电商的行为规范。
2. 认识主流直播电商平台及特点。

能力目标

1. 学会根据不同的产品特点、直播间特点选择合适的直播电商平台，选择合适的直播电商方式。
2. 学会直播电商的行为规范，规避直播风险。

素养目标

1. 通过直播电商行为规范的学习，培养遵纪守法的职业素养和规避风险的思维。
2. 通过直播电商常见方式和平台特点的学习，从专业的角度选择合适的方式和平台，树立认真严谨的工作态度。

知识导图

知识单元一　直播电商的常见方式

知识探究

要开展直播电商业务首要面临的问题是选择哪种直播电商方式。直播电商的方式有多种，如果方式不合适，将会浪费大量的人力物力，应该根据不同的情况选择合适的方式才能起到事半功倍的作用。那到底采用哪种直播电商方式更适合呢？如何选择合适的直播电商方式呢？

知识学习

直播电商常见的方式

1. 直播电商常见的三种方式

（1）短视频直播模式。

短视频直播模式是以短视频作为桥接跳转到直播间或者商品链接的一种直播模式。短视频模式具有形式多样、传播方便、内容有趣、标签效果强的特点。短视频直播模式在直播间的人设打造、粉丝积累、直播的预热和直播精彩片段分享方面有它独特的优势。因其在直播间标签打造和主播人设打造上的强大功能，成为很多直播间的首选模式。但短视频直播模式对剧情的编排、画面的呈现、人物的演出、视频的剪辑等都有一定要求，且还具有缺乏实时性、互动性差的缺点。选择该模式首要考虑的是剧情的卖点是否有趣味性，其次是否能与产品相衔接。

（2）直播电商模式。

直播电商模式以现场直播为内容输出的一种模式，如图 1-1-1 所示。直播模式具有实时性的特点，其互动性好，能系统全面地展示商品。该模式对主播的人设也有一定的要求，包括主播形象的设计、直播话术的编排、促销活动的开展等。对直播间的打造也有一定的要求，包括直播设备的配置、灯光的布置、背景的设计等。直播模式还具有传播不便、内容缺乏趣味性的缺点。选择该模式首要考虑的是主播的带货能力，其次是直播间的打造。

（3）电商直播模式。

电商直播模式是在电商平台里嵌入了直播功能。例如常见的淘宝、京东等直播就是这种"直播+电商"的模式。电商直播模式具有系统性的特点，与产品详情页的图片展示和短视频展示形成一个全面、立体的展示闭环。由于其实时性和互动性好，电商直播模式还是客服工作的重要补充。与直播电商模式相比，电商直播模式对直播间打造和主播带货能力要求不高，它更像一个值守型的直播模式。该模式需要定期的值守和主播对产品的高度了解，因而选择该模式主要考虑的是直播人员的安排以及主播的岗前培训。

图 1-1-1　直播电商模式

2. 直播方式的多维度选择策略

根据直播所需的元素将直播分为 5 个维度，分别是平台维度、主播维度、直播间维度、产品维度和团队维度。根据直播电商三种模式的侧重点对 5 个维度的权重进行加减，结果数据以供参考决策，这就是直播方式的多维度选择策略。

（1）平台维度。

平台维度主要针对的是电商平台，例如淘宝、京东、拼多多等电商平台。对于电商直播模式而言，是先有店铺、再有产品、后有直播，直播只不过是嵌套在产品里的一个展示途径，并且店铺和产品的权重也直接影响直播的曝光量。这维度需要考虑的是店铺是企业店还是个人店？平台之间没有权重高低之分，企业店和个人店有高低权重之分。这里要注意的是在抖音等平台个人店往往以达人带货等概念出现。

（2）主播维度。

主播维度考虑的是主播的能力。划分为流量主播、熟手主播、新手主播。它们有高低权重之分。主播能力包括：直播文案撰写能力、人设打造能力、话术能力、粉丝互动能力、商品推销能力、活动促销能力等。

（3）直播间维度。

直播间维度考虑的是直播间的打造，分为专业直播间、非专业直播间。它们有高低权重之分。专业直播间包括：场景的搭建、灯光的布置、直播设备的配置等。

（4）产品维度。

产品维度考虑的是产品可展示性。所谓可展示性就是产品是否适合利用短视频或者直播方式进行。例如：钢材、砖头、玻璃等一些原材料产品就缺少可展示性。玩具、家电、服装、化妆品等产品可展示性则较强。

（5）团队维度。

团队维度考虑的是各岗位人员的配置，除主播岗位外，还有运营岗位、助播岗位、视频剪辑等岗位。例如：电商直播模式因为其值守型的特点就需要2名以上的主播团队。

3. 直播方式选择的方法

根据上文所述的多维度选择策略方法和三种模式的权重，通过一张评分表来更直观地呈现，如表1-1-1所示。

三种模式的参考权重如下：

短视频直播模式权重：平台维度0，主播维度40，直播间维度0，产品维度60，团队维度0。

直播电商模式权重：平台维度0，主播维度60，直播间维度30，产品维度10，团队维度0。

项目一 认知直播电商

电商直播模式权重：平台维度 50，主播维度 10，直播间维度 0，产品维度 0，团队维度 40。

表 1-1-1 直播方式多维度选择策略评分表

	短视频直播模式	直播电商模式	电商直播模式	详情
平台维度				
主播维度				
直播间维度				
产品维度				
团队维度				
分数				

知识拓展

直播电商带动国货品牌发展

过去 10 年，蓬勃发展的数字经济，便利了消费者，提升了产业效率，也带动了大量的就业。作为数字经济的一环，直播电商也迎来了高速的发展，带动了包括平台、品牌方在内的上下游产业链繁荣，创造了许多新兴的就业岗位。高速发展的直播电商行业，助力了诸多优质国货快速壮大，进而持续打造品牌力，迎来了快速发展的窗口期。

某公司成立 7 年来，持续助力国货品牌发展。2021 年"五五购物节"期间，直播间上播的国货产品逾 400 个。2022 年"618"期间，直播间累计销售商品 692 万件，其中国货商品链接近 500 个，销量达 412 万件。2022 年至今，直播间上架近 5 000 个国货链接，销售超 6 200 万件国货产品。

直播电商作为数字经济时代的产物，其发展离不开国家高度发达的 5G 基建与先进的制造业基础，离不开国家对新兴行业的重视与扶持。直播间是一个窗口，可以让更多优质国货、优秀本土原创设计被看见、被发现、被体验、被穿戴上身。直播间是一座桥梁，可以让更多需要帮助的人被看见、被发现、被帮助，也可以让更多人看到那些需要帮助的人，将爱心集聚、传递。

选自《人民日报》（2022 年 11 月 9 日版）

启示：

党的二十大报告提出："高质量发展是全面建设社会主义现代化国家的首要任务。发展是党执政兴国的第一要务。没有坚实的物质技术基础，就不可能全面建成社会主义现代化强国。必须完整、准确、全面贯彻新发展理念，坚持社会主义市场经济改革方向，坚持高水平对外开放，加快构建以国内大循环为主体、国内国际双循环相互促进的新发展格局。"直播电商的快速发展是高质量发展的一个体现，是传统电商基础上的再升级，是现代商贸的一个重要途径，对促进国内大循环有增强作用，是深化供给侧结构性改革的一个推手，促进了包络广大国货品牌在内的品牌发展。

项目一 认知直播电商

知识单元二 主流直播电商平台及特点

 知识探究

直播电商平台有多种形式,每种平台其特点也不一样,根据平台的特点、结合自身的情况进行选择才能做到最优化的匹配。那到底采用哪种直播电商平台更适合?又如何选择合适的直播电商平台呢?某家具公司直播方式多维度策略评分表如表1-2-1所示。

表1-2-1 某家具公司直播方式多维度策略评分表

	短视频直播模式	直播电商模式	电商直播模式	详情
平台维度	0	0	0	没有任何平台
主播维度	40	60	10	已聘请2名专业主播
直播间维度	0	30	0	有实景直播间、配置灯光、直播设备
产品维度	36	6	0	家具产品
团队维度	0	0	36	2名主播
分数	76	96	46	

 知识学习

1. 主流直播电商平台及特点

(1)电商平台。

电商平台指的是传统的电商平台,如淘宝、京东、拼多多等,如图1-2-1所示。电

常见主流直播电商平台

商平台的直播有两大特点，一是嵌入性，二是值守性。各电商平台对直播板块的侧重点不一样，分为淘宝模式和拼多多模式。下面分别介绍这两种模式。

图 1-2-1　淘宝直播平台

淘宝模式以公域流量为主，除店铺直播外，还有明星直播、达人直播。其用户基数巨大，商品丰富，带货规模大，场景丰富。但淘宝平台的竞争激烈，平台提供的直播营销手段不多，较难开拓私域流量，公域流量主要向头部主播和明星主播倾斜。淘宝模式比较适合品牌型、值守型的直播间。

拼多多模式是公域流量和私域流量并重的模式，主要是店铺直播。平台提供的直播营销工具丰富，如"现金红包"等，方便商家通过微信转发进行推广。目标人群定位喜欢打折促销团购的人群，因而其社交化色彩浓厚，私域流量大，对农产品直播扶持力度也很强，但也存在直播技术滞后、直播同质化严重、用户体验不佳的问题。拼多多模式比较适合有一定库存的商家。

（2）内容平台。

内容平台是指以图、文、音、视频等内容输出的平台，如抖音、快手、小红书等。内容平台的直播的特点是：直播内容跟随平台属性，各个平台的商品属性以及带货模式都不太一样。下面分别介绍这三个平台。

抖音平台：其流量以公域为主。抖音平台的头部主播比较集中，直播带货的产品以美妆和服装百货为主。带货模式采用"短视频+直播带货"模式。目标人群为一二线城市的"95后""00后"的年轻人（占总比用户数量的40%），女性用户居多（占比60%），学历大多为本科，消费能力强。抖音平台的公域流量极其强大，但是竞争也极度激烈，需要直播团队在短视频制作上下很多功夫，做好精准引流和标签效应。比较适合有优质短视频创作能力的直播团队。

快手平台：其流量是公域流量和私域流量并重的模式。快手平台的头部主播比较分散，直播带货的产品以100元以下的低价产品为主。带货模式以直播带货模式为主。目标人群三四线城市及农村用户居多，年龄层次在25~35岁，男女用户相当，消费能力一般。快手平台私域流量强大，形成特有的老铁经济，因而对主播的直播带货能力有一定要求，尤其粉丝互动能力，比较适合有一定人设主播的直播团队。

小红书平台：其流量是公域流量和私域流量并重的模式。小红书是种草内容平台，商品以美妆为主，带货模式是"笔记+直播"，其内容主要为生活分享、知识分享、经验分享。其目标人群是一二线城市的"90后"女性（占总用户数量的60%以上）。小红书的直播目前还是有局限性，需进一步完善，虽然有明星参与，但是活跃度还是没有其他平台高，小红书的种草属性还是其最大的亮点。比较适合有一定文字创作能力的直播团队。

（3）腾讯直播平台。

腾讯直播基于微信生态，由于微信拥有最广泛的用户群和最便捷的社交通信，使得微信生态内的商业行为天然比其他平台更具优势。同时，微信的"生态逻辑"比其他平台的"渠道逻辑"对商家更友好，大大降低了商家的手续费和流量获取费用。腾讯直播以私域流量为主，主打一个社交化，需要公众号、朋友圈等进行直播预热和人气推广。直播内容也要求有一定主题，例如公测、团购促销、新品首发推介等。比较适合在固定人群里进行主题型的直播活动。

2. 主流直播平台选择的多维度策略

根据主流直播平台的特点将直播分为3个维度，分别是：产品维度、主播维度、团队创作维度。根据各主流直播电商平台的侧重点对3个维度的权重进行加减，结果数据以供参考决策，这就是主流直播平台选择的多维度策略。下面对3个维度进行讲解。

(1)产品维度。

产品维度考虑的有以下几个方面:有没有独立货源?有没库存?产品类是否是生活类用品?价格区间是否在 200 元以内?

(2)主播维度。

主播维度考虑的是主播的能力。简单区分为流量主播、熟手主播、新手主播。具体的主播能力包括:人设打造能力、话术能力、粉丝互动能力、商品推销能力。

(3)团队创作维度。

团队创作维度考虑的是团队创作的能力,分为短视频创作能力、文字创作能力等。

3. 主流直播平台选择的方法

根据上文所述的多维度策略方法和各个主流直播平台的侧重点制定权重,再根据表 1-2-2、表 1-2-3 数据结果所选的模式选择对应的表格进行填写,单元格里默认的数值为最大权重(仅供参考),0 分表示没要求,结果数据以供参考决策。

表 1-2-2 电商平台多维度策略评分表(适合电商直播模式)

		淘宝	拼多多	详情
产品维度	独立货源	0	30	
	库存	0	30	
	生活类品	0	10	
	200 元以内	0	30	
主播维度		0	0	
团队创作维度		0	0	
分数				

表 1-2-3 电商平台多维度策略评分表(适合短视频直播和直播电商模式)

		抖音	快手	小红书	腾讯直播	详情
产品维度	独立货源	0	0			
	库存	0	0			
	生活类品	0	0			
	200 元以内	0	20			

续表

		抖音	快手	小红书	腾讯直播	详情
主播维度	人设打造	20	20	5	20	
	话术	5	10	5	10	
	粉丝互动	5	20	5	50	
	商品推销	10	10	5	20	
团队创作维度	短视频创作	60	20	20		
	文字创作	0	0	60		
分数						

知识拓展

整治直播乱象　清朗网络空间

如今，作为向用户提供信息或服务的重要传播形式，直播逐渐被更多人接受，已经与学习、购物、健身等越来越多生活场景融合在一起。作为一种新兴的传播形式，网络直播原本是一种有趣味的互动方式，但在一些主播甚至平台的操作下，却变成了一种低俗甚至有害的竞争手段。比如，为了吸引流量、追逐利益，一些直播平台存在自残斗狠、走极端等内容。

对于直播中存在的乱象，必须引起高度重视，采取有效措施进行治理。有的主播在直播中游走在法律边缘、挑战公序良俗，污染网络空间，扰乱社会风气。在各种制度性文件中，平台无一例外地都被要求严格落实主体责任。各平台应加强对直播人员及内容的监管，优化直播账号注册、运营、关闭等全流程的管理细则，建立健全粉丝数量管理、营利行为监管等制度机制，进一步优化算法推荐机制，加强平台内容审核和把关，加大对优质内容的人工筛选力度。对于违法违规的直播间，要一律封禁，坚决防止"劣币驱逐良币"现象。网络主播应加强自爱自律，遵守法律法规，努力生产能留得住用户的优质内容，绝不能被流量和经济利益冲昏头脑。广大网民也要不断提升媒介素养，不给不良信息流量、不给乱象主播"捧场"。

选自《人民日报》（2023年07月20日版）

启示：

近年来，直播电商快速发展，除带动相关上下游产业的共同进步外，其形式也对人民的业余生活产生影响，尤其对青少年的世界观、价值观等有深刻影响，有部分平台和从业人员为了拼流量博眼球，走低俗的"擦边"路线，对直播电商行业带来了负面影响，这就需要直播电商平台和从业人员承担起相应的社会责任，做到规范经营，引导正确的社会风气，提供健康优质的内容，确保直播电商行业高质量发展。正如党的二十大报告所提："我们要坚持以推动高质量发展为主题，把实施扩大内需战略同深化供给侧结构性改革有机结合起来，增强国内大循环内生动力和可靠性，提升国际循环质量和水平，加快建设现代化经济体系，着力提高全要素生产率，着力提升产业链供应链韧性和安全水平，着力推进城乡融合和区域协调发展，推动经济实现质的有效提升和量的合理增长。"

项目一　认知直播电商

知识单元三　直播电商行为规范

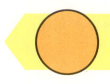 知识探究

直播时行为不规范会导致直播间被封禁等处罚，直播带货的产品导致消费者被侵害又如何界定责任？这些风险问题都可以归纳为直播电商行为规范的问题，其背后则是直播电商的相关法律法规。所以要组织一次直播电商行为规范的学习以规避风险。那直播电商行为规范有哪些，又涉及哪些法律法规呢？

知识学习

直播电商行为规范

1. 直播电商相关法律法规

（1）《民法典》。

直播带货是一种民事行为，因而其受《民法典》约束。例如，对于未成年用户在直播间刷礼物的行为是否有效这一问题，就受到《民法典》有关无民事行为能力人、限制民事行为能力人其行为效力的相关法条约束。又如用户在直播间下订单就是一种订立合同的行为，就受到《民法典》关于合同相关法条的约束。

（2）《电子商务法》。

直播带货属于电子商务范畴，因而其受《电子商务法》约束，如图1-3-1所示。例如，在电商平台销售自产的农副产品是否需要办理营业执照这一问题，就受到《电子商务法》有关电子商务经营者资质的相关法条约束。

图1-3-1　电子商务法

（3）《产品质量法》。

直播带货涉及产品的质量，因而其受《产品质量法》约束。例如，针对在直播间销售以次充好的产品这一问题，就受到《产品质量法》第五十条有关对销售以次充好产品行为处罚规定的约束。

（4）《消费者权益保护法》。

直播带货涉及消费者的权益，因而其受《消费者权益保护法》约束。例如，针对在直播间通过欺诈的行为引诱消费者购买产品这一问题，就会受到《消费者权益保护法》第五十五条有关"退一赔三"的处罚。

（5）《网络安全法》《个人信息保护法》。

直播带货是一种网络行为也涉及用户信息的使用，因而其受《网络安全法》和《个人信息保护法》约束。例如，直播电商平台掌握了大量用户的数据，对于这些用户数据应该如何保管、如何规范应用，《网络安全法》《个人信息保护法》都作出了明确规定。

（6）《广告法》。

直播带货涉及广告行为，因而其受《广告法》约束。例如，明星客串主播进行直播带货的行为就属于广告代言，其行为受到《广告法》有关广告代言人承担连带责任的相关法条的约束。

（7）《知识产权保护法》《反不正当竞争法》。

直播带货是一种商业行为，因而其受《知识产权保护法》和《反不正当竞争法》约束。例如，针对在直播间进行直播带货时播放他人的音频作品作为背景音乐是否侵权这一问题，《知识产权保护法》就明确规定在商业行为中引用他人作品应该取得版权人的同意。又如在直播间以贬低同行的产品借以抬高自己产品身价的行为，就违反了《反不正当竞争法》。

（8）《网络直播营销行为规范》。

《网络直播营销行为规范》规定了商家、主播、平台以及其他参与者等各方在直播电商活动中的权利、义务与责任，是我国第一部有关直播电商行为的行业规范。

2. 直播电商行为规范

直播电商行为规范如表 1-3-1 所示。

表 1-3-1　直播电商行为规范

角色	行为	规范
商家	资质	取得经营许可，并在店铺首页亮照经营
商家	资质	资质有变更或者店铺结业，需要提前告知平台并在店铺首页公告
商家	销售	有损国家、社会及他人利益的物品，野生动物、文物、黄赌毒等违禁品不能销售
商家	销售	产品必须取得质量和安全认证，产品包装有明确的检验合格等产品信息
商家	销售	销售医疗器械、药品、保健品等特殊物品需要取得行政许可
商家	销售	提供所销售商品的商标证明，销售他人商品需要取得该品牌授权
商家	销售	履行自身承诺，依法提供退换货等售后服务
商家	销售	遵守《广告法》的规定，真实准确提供产品信息，不能夸大、虚假宣传误导消费者
主播	资质	18周岁以上成年人。年满16周岁未满18周岁的要得到监护人同意方可进行直播
主播	资质	主播需要实名认证，不得将账号转让或者租借给他人
主播	资质	主播的头像、名称、简介等要符合法律规定，不得包含不良信息
主播	直播场地	不得在危害国家社会安全、影响正常生产、影响他人正常生活的场所直播
主播	直播场地	直播间不能出现国旗、国徽、党旗、国家领导人画像等代表国家形象的标志
主播	行为	直播时不能有抽烟、喝酒的行为
主播	行为	衣着得体，不能衣着暴露
主播	行为	不能有内容荒诞惊悚，以及易导致他人模仿的危险动作
主播	行为	直播间可以进行音乐直播和视频直播，但是主播必须在旁
主播	行为	直播间有未成年出镜时必须有成年人陪同
主播	行为	不能有性暗示、性挑逗、低俗趣味的行为
主播	语言	不能对产品进行夸大和虚假宣传，禁用"全国""最""顶级""第一"等极限字眼
主播	语言	不能出现粗言秽语、辱骂观众，危及国家安全、社会稳定以及他人隐私的语言
主播	语言	不能贬低同行同类别的产品
主播	语言	引用数据时，需要说明数据出处并保持数据的真实性、完整性
主播	语言	不得引导粉丝私下交易，例如"加我微信""打我电话"等
平台	行为	做好商家和主播的准入审查，建立档案，及时更新
平台	行为	对商家和主播的行为进行监督，及时纠正错误行为
平台	行为	建立并明确平台的行为规则，对商家和主播进行培训
平台	行为	建立健全投诉举报机制，及时处理投诉和举报

知识拓展

济南长清区成立电商直播等行业党委
引导新业态新就业群体参与基层治理

今年以来，山东省济南市长清区积极探索党建引领新业态新就业群体高质量发展新路径，依托交通、市场监管、工信等部门，成立道路运输、外卖和电商直播3个行业党委，建立由区委两新工委统筹指导，行业党组织具体负责、属地街镇联动的协调机制，引导新业态新就业群体积极参与基层治理、融入城市发展。与此同时，长清区选派"党建+行业"指导团，加强对新业态新就业群体的联系服务，开展行情恳谈会、市场分析会、政策上门等活动，把服务送上门。

"针对新就业群体不同特点，我们精心打造了不同功能的党群服务阵地。"长清区委组织部有关负责人介绍，在商圈、社区等建成21处党群服务阵地——"清锋驿站"，为快递员、外卖员提供避暑取暖、饮水就餐等10余项暖心服务；推出首家"过路司机之家暖心驿站"，配备睡眠舱、洗衣房、淋浴间等设施；在直播电商行业，为创新创业的大学生免费提供直播场地和设备，帮助他们解决难题。

长清区通过搭建平台、暖心服务，鼓励新就业群体中的党员带动更多从业人员立足岗位、主动作为。"在行业党委的号召下，我加入了货运司机'党员先锋队'，驰援河南、上海等地，为保障民生出一份力。"货车司机仁杰说。

选自《人民日报》（2022年12月05日版）

启示：

2020年7月1日，《网络直播营销行为规范》实施，这是我国第一部有关直播电商的行为规范，与《电子商务法》《消费者权益保护法》等法律法规为直播电商的发展提供了强有力的规范体系，保障了直播电商的良性发展。直播电商行业在规范发展的同时，也需要坚持党的领导，加强党的建设，尤其是基层党组织的建设，发挥党组织的战斗堡垒和党员的先锋模范作用，引领直播电商事业高质量发展。正如党的二十大报告所提："中国式现代化的本质要求是：坚持中国共产党领导，坚持中国特色社会主义，实现高质量发展，发展全过程人民民主，丰富人民精神世界，实现全体人民共同富裕，促进人与自然和谐共生，推动构建人类命运共同体，创造人类文明新形态。"

项目二 组建直播团队

项目引言

直播电商行业在我国高速发展，受到了各个地区的重视和政策扶持。商家、MCN机构以及个人主播在直播电商行业中都迎来了发展的红利期。但是目前的直播市场并没有达到规范化和标准化，出现直播内容质量不够高、主播专业性不够强、运营团队不够完善等问题。为了让直播的质量跟上发展的速度、提升用户体验，组建专业的直播团队尤为重要。

项目目标

知识目标

1. 认识直播团队岗位组成、团队岗位职能。
2. 理解组建直播团队策略。

能力目标

1. 学会分析电商直播活动中所需要的工作岗位。
2. 能结合直播营销目的和实际情况确定直播团队配置及工作内容。

素养目标

1. 通过对电商直播活动进行岗位配置，培养学生逻辑思维能力。
2. 在组建直播团队的过程中，提高学生的协作能力和树立团队意识。

知识导图

知识单元一　配置直播团队

知识探究

初创直播团队资源相对较少,可以利用的资源有限。组建一个初创的直播团队需要招募哪些岗位呢?这些岗位的人员分别负责什么工作呢?

知识学习

1. 初创阶段直播团队岗位

初创阶段直播团队指的是以节约成本为核心的小规模直播团队,一般由3个岗位组成,包括运营、主播和视频制作。由于受到资金、产品和经验的限制,初创团队具有一定的局限性。

(1) 运营。

运营岗位主要负责的工作内容包括商品的上下架、广告的引流和投放、直播数据的分析。直播运营数据看板如图 2-1-1 所示。

图 2-1-1　直播运营数据看板

（2）主播。

主播岗位主要负责直播脚本的撰写、产品的组合、直播带货、粉丝互动、直播间气氛调动。化妆品主播如图 2-1-2 所示。

图 2-1-2　化妆品主播

（3）视频制作。

视频制作岗位主要负责引流视频的拍摄和剪辑、现场直播的录制。

2. 进阶阶段直播团队岗位

进阶阶段的直播团队指的是初具规模的直播团队，工作量比初创阶段大大增加。因此，在岗位配备上也更加完善。此阶段会给主播配备副播或者场控，同时在视频团队和运营团队中的分工也会更加细致。

（1）主播团队。

主播团队中的岗位包括主播、副播和场控。主播部门需要充分地了解产品的核心卖点、熟悉地掌握推销产品的技巧、实时地与粉丝进行互动，保证直播顺利进行。

（2）运营团队。

运营团队中的岗位主要包括产品运营和数据运营，在这个阶段的运营分成不同的方向，负责不同的运营工作，更加全面地对产品进行展示、对流量及数据进行分析、对运营策略进行调整。

（3）视频团队。

视频团队中的岗位包括视频拍摄和后期编辑。与单一的视频制作岗位工作内容相比，视频部门分工更加明确，对视频的质量要求更高、更新迭代的速度更快。

（4）选品。

选品岗位主要负责对接产品的供应链。深入地挖掘市场的需求，选出产品进行搭配，并且要以商品为核心、用户为导向，精准地组合定价、完美地打造产品体系。

（5）文案。

文案岗位主要负责撰写脚本，提供直播文案，优化直播方案。及时与主播进行沟通、深入挖掘时事热点，使内容创作符合产品推销的需求并富有创意。

直播团队建设

3. 成熟阶段直播团队岗位

成熟阶段直播团队指的是团队建设已经相对完善、分工明确、专业化较高。此阶段把岗位分工划分为5大部门，分别是商务部、创意部、直播部、运营部和客服部。各个部门下细分不同岗位，使得整个团队的运作更具有专业化和针对性。

（1）商务部。

商务部的岗位包括商务BD（商务拓展）、招商宣传、选品人员、质检人员。

商务BD（商务拓展）岗位主要负责寻合作商家、促成项目合作、组织招商活动等。

招商宣传岗位主要负责宣传直播团队、发布招商信息等工作。

选品人员岗位主要负责针对用户需求进行选品，对供应链、商品提报，优惠谈判、对标竞品分析等工作。

质检人员岗位主要负责把控选品的质量。

（2）创意部。

创意部的岗位包括策划、文案、视频拍摄、视频剪辑。

策划岗位主要负责根据产品确定直播主题、撰写直播方案；根据粉丝性质策划活动、制定福利和玩法。

文案岗位主要负责撰写直播话术、产品销售话术、粉丝互动话术，策划新颖、有创意的文案。

视频拍摄岗位主要负责现场实时直播和日常拍摄工作。

视频剪辑岗位主要负责剪辑已经拍摄好的视频，包括剪辑引流视频、账号日常更新视频等。

（3）直播部。

直播部的岗位包括主播、副播、助理、中控、场控。

主播岗位主要负责参与直播前期的选品和策划，直播期间进行商品讲解、销售、氛围调动。

副播岗位主要负责协助主播，在主播非空闲时间与粉丝互动、回答粉丝问题、引导粉丝下单。

助理岗位主要负责协调主播，在开播之前检查并确认货品、样品、道具准备到位，配合完成直播间内的工作，确保直播顺利进行。

中控岗位主要负责在直播期间商品的上架和下架、红包和优惠券发放、活动报名等操作内容。

场控岗位主要负责在直播前调试设备，确认各项前端工作。直播期间控制主播的节奏，提醒主播把控时间，并按照脚本流程进行直播。

（4）运营部。

运营部的岗位包括店铺运营、数据运营、内容运营、直播运营。

店铺运营岗位主要负责店铺的运营工作，包括产品的上架和下架、价格修改等。

数据运营岗位主要负责直播前和直播后的数据监测、收集，并且对数据进行分析、复盘，从而不断优化直播方案。

内容运营岗位主要负责直播前和直播后的内容运营，在直播期间配置不同的玩法、更新内容等工作。

直播运营岗位主要负责直播相关业务的运营，如在直播期间引入流量、广告投放等工作。

（5）客服部。

客服部的岗位包括售前客服、售后客服。

售前客服岗位主要负责配合主播进行直播间的粉丝互动，解决客户问题，商品推荐，详细咨询，适当地催单。

售后客服岗位主要负责解决快递问题、差评问题、问题商品处理，维护店铺权重、提高客户满意度。

知识拓展

新农人直播带货助农增收

进入8月中旬，和政县达浪乡达浪村国邦水果玉米种植基地，水果玉米陆续成熟。8月11日，一场大雨过后，玉米秆上挂满着晶莹的水珠，衬托得玉米更加水灵鲜美了。一场特殊的直播在这里开播。主播们一边用幽默风趣的语言推介水果玉米的特色和吃法，一边耐心地解答网友提出的玉米生长环境、物流配送等问题，吸引了不少网友关注下单。

田间地头的水果玉米搭上"直播电商快车"，减少了中间流通环节，让客户买到的价格更低，种植户卖出的价格更高，使和政水果玉米变成大家争相购买的"香饽饽"。

甘肃国邦农业有限公司负责人说："我们种植的高原水果玉米品质很好，销路也很好。但是，成熟期的水果玉米，最佳采收期只有两天，保鲜期只有七天，所以单靠我们线下的销售通道是远远不够的。通过这次电商直播活动，能有效地节约成本，最大程度保证玉米的新鲜度，达到收益最大化。"

从田间到直播间，电商经济如火如荼，手机变成新农具，直播带货成了新农活，农户变身直播带货"新农人"，推动了农产品从"不愁卖"到"卖得好"升级转变。

选自《新华网》（2023年08月17日版）

启示：

党的二十大报告提出："大自然是人类赖以生存发展的基本条件。尊重自然、顺应自然、保护自然，是全面建设社会主义现代化国家的内在要求。必须牢固树立和践行绿水青山就是金山银山的理念，站在人与自然和谐共生的高度谋划发展。"直播电商作为速度快、传播广的销售方式，如今有效地在顺应自然发展的前提下，使农产品送到千家万户。电商平台在助力农业发展的同时，让人们吃上了新鲜、健康的农产品。可见，直播电商践行着人与自然和谐共生的理念，有效带动农户增收，助力乡村振兴。

项目二 组建直播团队

知识单元二 打造主播

知识探究

主播是直播团队中的灵魂人物。作为直播团队里的主播需要具备哪些说话技巧和专业素养呢？如何根据产品打造团队里的直播人设呢？

知识学习

新手主播如何入门

1. 说话技巧

主播的表达需要让客户感受到亲和力和舒适感，日常需要反复练习。可以通过朗读朗诵、镜子练习、自我录像、躺下背诵等方式加强说话的技巧。主播说话技巧训练现场如图 2-2-1 所示。

图 2-2-1　主播说话技巧训练现场

（1）语调。

主播的语调要有高低起伏，包括升调、降调、平调、曲折调；可加入重音、轻读等形式，声音应洪亮、吐字清晰。

（2）语速。

主播的语速要根据不同的情况进行转变。比如，在讲解产品时语速应当放慢，让客户充分了解产品特点；而在发红包福利的时候应当加快速度，营造兴奋的氛围促成消费。

（3）语气。

主播的语气需要加入真实的个人情感，让表达更加真诚。运用语气表达自己的立场、态度、个性、情感和心境等。

2. 专业素养

（1）心理素质。

在直播期间难免会遇到一些突发状况，这就要求主播有良好的心理素质。主播要有平和的心态和应急应变能力，处理在直播期间发生的问题。

（2）亲和力。

主播给进直播间的粉丝的第一印象十分重要，因此拥有亲和力是十分必要的。亲和力可以给客户一种宾至如归的感受，使他们愿意停留在直播间，并且对主播产生信赖。

（3）学习能力。

在销售某一类产品的时候，主播应当学习与产品相关的专业知识。同时，也要不断提高自己的直播水平。这样才能够在直播销售的过程当中游刃有余。

（4）外表形象。

主播要注意自己的仪容仪表，穿着大方、妆面整洁。同时，可以根据销售对象的变化适当调整自身的穿着。

3. 人设包装

人设包装可以理解为把主播进行标签化，增强用户对主播的记忆，使用户在看到某个标签时会立刻联想到主播，或者在提及主播的时候马上联想到与主播相关的标签。人设包装主要分为四个步骤，分别是主体分析、人设呈现、信息传达、引发共鸣。

（1）主体分析。

主体分析需要把主播作为主体进行分析，然后总结出主播的特点。分析的要点包括主播的外貌、性格、行为、话术习惯等。

（2）人设呈现。

人设呈现需要根据直播所销售的产品特性和针对的用户人群进行核心需求的分析。然后对主播的人设进行设计，包括主播的角色、这个角色要完成什么任务、解决什么问题。同时，还要设计主播的外貌、性格、行为、话术。最后找到与这个角色吻合的主播进行匹配和打磨。

（3）信息传达。

在直播和宣传的过程当中，要多强调主播的人设，并且灵活运用口号、文案、图片等方式增加用户对主播的印象。

（4）引发共鸣。

让用户认同主播，需要有高质量商品的加持。因此，可以通过激励、引导、运营等方式使已购买商品的用户给出真实评价，从而带动直播间其他用户认可主播的人设。

知识拓展

助农带货主播"小叶片"返乡带出电商千万大产业

作为"天生云阳助农团队"运营总监，6年来，叶红梅从都市白领返乡成了果树种植"土专家"，还成立了网名叫"小叶片"的助农直播团队，帮助当地农户带动农产品销售累计超过3 000万元，带动全县两万余户农民增收。

云阳县有不少种植云阳红橙的农户，近年来上门收购的水果商越来越少，"收获季农民只能卖给外地来的水果商，但价格往往压得很低。"于是叶红梅决定，通过直播带货，让大家种的橙子也可以像桃园种的果子一样"不愁销"。

"一场直播下来能带动几千元的销售，很多顾客成了我们的'铁粉'。"从此，手机变成叶红梅的"新农具"，直播变成她的"新农活"，橙子变成了她的"新农资"。她和团队走遍了全县29个种植基地，卖力地为家乡水果吆喝起来。

渐渐地,"小叶片"的带货产品也从桃子、橙子扩展到了花椒、枇杷、李子、葡萄等农产品。

截至目前,"小叶片"带领的团队累计带货云阳红橙超过2 000吨,助农增收300多万元。线上线下助力其他农特产品销售额3 000多万元,带动全县3万余户农民增收。如今,"小叶片"团队已经拍摄短视频730多条,开展直播2 000多场次,点赞量更是高达64万次。

选自《重庆日报》(2023年07月27日版)

启示:

正如党的二十大报告所提:"我们要推进美丽中国建设,坚持山水林田湖草沙一体化保护和系统治理,统筹产业结构调整、污染治理、生态保护、应对气候变化,协同推进降碳、减污、扩绿、增长,推进生态优先、节约集约、绿色低碳发展。"只有在健康的生态环境下,才能生产出健康的农产品。我国很多地区的农民都依靠种植和售卖农产品维持生计,就像案例中"小叶片"家乡一样。因此,我们必须重视环境保护。同时,运用直播电商帮助农民推广、销售农产品,把优质的农产品带到千家万户。在传播健康、美味的同时,增加经济收益。

项目三 规划直播货品

项目引言

直播电商的基础要素分别是人、货、场，三者环环相扣，缺一不可。其中"货"是指直播推荐或者销售的货品。直播带货表面上拼的是流量，本质上拼的还是产品。有价格更优惠、品相更好看、品质更好的货，是一场直播决胜的关键。如果产品质量不过关或是规划货品不合理，无论主播的营销话术技巧有多高也是无法实现销售目的。因此，合理地选择和规划直播货品是提高直播转化率的关键。

项目目标

知识目标

1. 认识直播选品维度、直播间组货类型、直播间各品类的特点。
2. 理解各直播选品策略、常见的直播排品模式。

能力目标

1. 学会使用选品工具，运用选品策略为直播间合理选择直播商品。
2. 能结合直播营销目的确定直播间排品模式。

素养目标

1. 通过使用平台数据选品，培养诚信带货的职业素养和数据运营思维。
2. 充分应用用户思维，站在消费者角度确定排品模式，树立服务意识。

知识导图

知识单元一　精选直播货源

知识探究

在直播电商行业广为流传的一句话是:"选品定生死。"由此可见选品的重要性。如果选品不当,就算直播间人气高,转化也会不如预期。选品不仅仅是选定某一类产品的问题,还需要考虑受众人群、主播人设等因素。那么,选品需要注意哪些事项呢?选品的工具、方法又有哪些呢?

知识学习

1. 直播选品维度

（1）品类。

通常可把直播间产品分为引流款、爆款、利润款,不同品类在直播间占比不同。选品的时候需要结合品类的需求去选择。引流款是指为了给店铺和店铺商品带来流量的产品,通常用较低的价格吸引买家进入店内,进而增加其他利润款的曝光。爆款是指销售非常火爆的产品,具有高流量、高曝光量、高订单量的特点;利润款是指店铺主要的盈利产品,这类产品的特点是产品品质较高,有自己独特的卖点,用户对这类商品的价格敏感度也不高。爆款与引流款,实际上是为利润产品销售所做的铺垫。

（2）品相。

品相不仅是指产品的外观、包装,还包括产品的质地、使用方法、使用效果等,能够对消费者感官产生冲击力。直播带货是具有场景感、沉浸感的互动式带货,好品相的产品也更能激发粉丝的购物欲望。

（3）品质。

即产品的质量，也就是产品的好坏优劣。作为消费者，在选购产品时希望能购买到质量还不错的产品。在相同类目的同样价位下，品相和品质如果能更具备优势，那么产品的销量会更好。很多直播间出现假货，高价格、低品质、割粉丝韭菜、品控问题导致停止运营等。其次售后保障也是品质的关键因素。比如：30天保价、7天无理由退换货、运费险、安心购、假一赔三等。

（4）品牌。

有品牌背书的产品需要考虑品牌的名气、热度；尚无品牌背书的产品则考虑是否有品牌故事可讲，是否有建设价值。一般情况下，品牌背书利于转化，能选择有一定知名度的产品就选择有知名度的产品，质量有保障，避免售后问题，也能提高直播间转化率。

2. 直播选品依据

（1）根据账号定位选品。

可以根据账号定位去选品，比如美食类型账号，可以选择一些美味的小零食；宠物类型的账号可以选择有关宠物的商品。一方面，主播对产品的熟悉度高；另一方面，也符合粉丝对账号的预期，更有助于提升产品转化。

（2）根据粉丝需求选品。

也即根据账号的目标群体来选品。了解账号上的粉丝的年龄层次、男女比例、对产品的需求等，根据粉丝的需求选择产品，满足粉丝需求。如账号的粉丝是宝妈，那直播间选品则主要是母婴类产品。

（3）根据产品热度选品。

网络上每个时间段都会有引发人们高度关注的产品。比如节日类产品，端午节的粽子、中秋节的月饼；或者酷暑时小风扇、寒冬时的暖手宝，又或者是当下某个网红、明星带火的某款产品，都是直播间可以考虑的高热度产品。就算粉丝们不买，也可能会在直播间热烈讨论相关话题，提升直播间热度。

（4）根据性价比选品。

不论在哪个平台直播带货，高性价比、低客单价的产品，都会更受到消费者的青睐。

最大限度地保证了粉丝权益的同时也让粉丝对主播产生了极高的信任，提高回头率。

3. 直播选品方法

（1）粉丝需求。

直播面向的客户群体就是自己账号下的粉丝们，所以在开播之前充分问询粉丝的需求，通过粉丝人群画像预测粉丝需求，针对粉丝的年龄层次、性别差异、地域分布等选择合适的商品。

（2）匹配人设。

商品与主播之间一定要相互匹配，把合适的商品交给合适的人去卖，是直播的基本规则。也就是说，商家要根据商品的特点选择与之匹配的主播，主播也要根据自己的人设挑选商品。无论是达人主播还是商家主播，都应该让商品和主播的人设相匹配。主播要有自己独特的直播方式，能够形成自己的直播风格，例如母婴类商品，商家选择主播时，应尽量选择已婚宝妈。如果说让未婚女性或者男性来当主播，就很难让观众信任，商品成交就会非常困难。

（3）市场趋势。

每一个季节，都有相对应的热销产品。多留意网络爆款、网红推荐，这样的选品总不会错。另外，在不同的节日即将到来之前，也需有针对即时性的消费需求而进行选品。例如，在端午节之前，选择端午节的粽子礼盒等货品。

（4）参考同行。

即参考同等层级的主播们选择哪些货品。

如何应用工具选品

4. 直播选品工具

①蝉妈妈：有单独商品板块，可根据账号定位及人群画像，直接筛选出类目里面销量好的，可以看到商品介绍、销量情况、佣金率等，如图3-1-1所示。

项目三　规划直播货品

图 3-1-1　蝉妈妈选品

②抖查查数据：可以通过商品排行榜快速发现近期抖音上不同品类的热销商品数据，也可以通过商品搜索选品，如图 3-1-2 所示。

图 3-1-2　抖查查直播商品排行选品

③考古加数据：有单独商品板块，可以通过搜索直接搜索商品，设有直播、抖音、视频商品排行榜一级实时爆款榜，帮助主播选品，如图 3-1-3 所示。

图 3-1-3　考古加数据商品搜索

5. 直播选品步骤

第一步：了解行业。

纵观整个带货直播行业，查看、了解同等层级的主播平时经常带的都是哪些货品、什么品类。了解所处行业整体发展情况，发掘行业机会，预判行业成长空间。

第二步：关注同行。

参考同等层级的主播们的选品，查看品牌直播排行榜，借鉴优秀商家的直播选品经验，找到对标账号学习。

第三步：竞品分析。

在各平台搜索商品名称关键词，按销量排序查看排名靠前的货品规格、销量和主流价格区间等，分析主推商品的目标人群规模，为直播间选品和定价做参考。

第四步：确认选品。

结合竞品情况及自身产品特点和销售目标，确认主推款、引流款、常规款和利润款的商品分布结构，筛选出最适合直播间的产品。

第五步：持续优化选品。

通过直播间测试所选商品的点击率和转化效率，讲解商品时在线人数能否持续稳定上涨，验证选品的准确性，根据测试结果不断优化选品策略，实现流量的高效转化以及打造店铺爆款。

知识拓展

深耕直播行业，共建公益品牌

近年来，某公司积极探索直播电商助力乡村振兴新路径。在各级政府的指导下，公司积极开展公益直播，帮助农产品打通销路。2020年以来，公司旗下直播间售出近千万件助农产品，云南宁蒗的苦荞茶、新疆喀什的枣、西藏日喀则的青稞面……众多特色产品受到市场欢迎。儿童教育、妇女健康、绿色环保等也是公司长期关注、持续投入的重点。在捐款捐物的同时，公司注重通过公益实现改变。公司援建20余所希望小学，为偏远地区青少年创造良好学习成长环境；为云南、贵州偏远地区千名妇女免费提供宫颈癌筛查及健康宣讲；在287个城市发起快递盒回收活动，与消费者共护绿水青山。

项目三　规划直播货品

与此同时，随着直播经济蓬勃发展，直播电商的意义早已从"带货"延伸到产业链上下游。近年来，公司在助推诸多优质国货品牌快速发展的同时，也推动着中高端供应链国产化。通过与公司旗下直播间合作，许多国货品牌实现突破，众多新品牌、新产品快速获取消费者青睐，也有诸多老字号品牌重新焕发生机。2022年，超过1 600个国货品牌走进公司旗下直播间，上架国货链接数超1.3万个，销售国货件数超2.4亿件。

随着直播产业的高速发展，合规发展与标准建设成为直播电商行业高质量发展的题中之义。公司2019年成立选品和质检团队，对每一款上播产品进行合规审核，并与行业权威机构和专家合作，持续提升在选品、合规、质检等方面的能力。未来公司将继续加强合规建设，筑牢稳健发展基石。

选自《人民日报》（2023年05月11日版）

启示：

党的二十大报告提出："江山就是人民，人民就是江山。中国共产党领导人民打江山、守江山，守的是人民的心。治国有常，利民为本。为民造福是立党为公、执政为民的本质要求。必须坚持在发展中保障和改善民生，鼓励共同奋斗创造美好生活，不断实现人民对美好生活的向往。"在直播电商的快速发展，给消费者增加了便利和实惠，促进了消费；给商家带来新的机会，也给了草根们创业的机会，带动了就业；直播带货帮助农副产品突破地域限制，快速打开销售渠道，实现脱贫增收，助力乡村振兴。

知识单元二　确定直播排品

知识探究

当选品结束后，就要开始对货品的直播顺序进行排列。主播对于产品的讲解顺序、上架顺序实时影响着直播间的数据变化。好的排品策略可以为直播间最大化提升用户停留时间、提高销量，从而达到提升直播间权重、沉淀精准粉丝的目的。那常见的直播组货类型、排品策略有哪些呢？

知识学习

1. 直播组货类型

每个直播间的组货类型都不同，常见的直播间组货类型以下五种，其优劣势如表3-2-1所示。

表 3-2-1　常见直播组货类型

组货类型	货品类别	SKU 数量	优势	不足
单一款式	所有货品为同一品类	一般为1~5款，主推1~2款	组品成本低，操作简单	受众单一，转化成本高，对广告流量依赖度高
垂直品类	所有货品为同一品类或者相关产品	垂直品类直播间SKU数量较多，每场30款以上且定期更新	货品品类集中有利于吸引同一类人群，提高转化	受众集中，拓展直播品类时需逐渐测试拓展
多品类	通常包含了5个及以上产品品类	常见为30~80款产品	品类多样，受众范围广，引流简单，直播间停留时间长	容易被多样化需求带偏节奏，对直播团队能力要求比较高

续表

组货类型	货品类别	SKU 数量	优势	不足
品牌专场	同一品牌或者品牌周边产品	一般品牌专场产品在20~50之间	品牌背书可以提升信任度，有利于直播间转粉及转化	单一品牌组货难度较大
平台专场	一般由某大型平台商家或者大型供应链商家单独提供	常见为30~80款产品	货品更加优质，平台背书提高观众的购买意愿	直播优惠力度有限，容易被竞争对手定向打压

2. 直播品类特点

如前所述，直播间的货品主要有引流款、利润款、爆款产品，除了这三类产品外，有的直播间还有常规款、形象款等产品。各品类产品的特点、作用以及定价均不一样。具体内容如表 3-2-2 所示。

五种常见直播品类特点

表 3-2-2　直播品类特点

品类	特点	目的	定价	建议占比 /%
引流款	受众广、性价比高、单价低	聚集人气，让更多消费者进入直播间、延长消费者看播停留时长，并增加直播间的互动热度	不赚或者微亏	10
利润款	品质较高，有独特卖点，有竞争优势	确保整场直播的利润，拉高直播交易总额（GMV）	利润高	30
爆款	流量高，性价比高，转化率高，符合绝大部分用户需求，库存充足	承接流量，促进成交、提升转化率、冲量，负责达成整场直播的销售目标	微赚或者少赚	30
常规款	产品趋向日常化，符合部分消费者需求	丰富直播间的产品类型	常规定价	20
形象款	高品质、高调性、高客单价，受众人群小	提升直播间形象、格调	定价较高	10

3. 直播排品目的

直播间的排品也即主播按照一定的顺序对产品进行介绍，规划直播流程。影响直播排品的核心因素是流量。一场带货直播可以持续数小时，直播间的流量是实时变化的。理想的直播的流量通常在直播开场有一定的极速流量，而且能够承接极速流量，让粉丝停留在直播间，后续直播间人数稳定。因此，排品的主要目的在于让产品在合理的位置发挥最大的价值，保证直播间流量供给、维持直播间的互动热度、促进直播间成交额的提升。

4. 直播排品模式

（1）引流款+爆款。

在直播账号运营初期常用"引流款+爆款"循环模式，目的是拉流量，提高直播间平均在线人数。用引流款精准引进流量后，随着人数不断增加则推出爆款产品，承接流量，实现转化。

（2）引流款+爆款+利润款。

引流款和爆款的利润并不高，只能够提高直播间交易额，并不能提高利润。当直播间日常流量趋于稳定时，可以采用"引流款+爆款+利润款"的排品模式，以达到交易额和利润均能提高的目标。

（3）引流款+爆款+常规款。

常规款产品的意义在于丰富直播间产品类型，同时也是在测试常规款产品是否可能成为下一个引流款或者下一个爆款。"引流款+爆款+常规款"这种方法主要目的在于测款，通过直播间的数据判断该产品是否具有一定潜力成为新的引流款或爆款。

（4）连续爆款。

当直播账号成熟，直播间流量足够充足和稳定时，不再依赖于引流款来提升流量，可以采用连续爆款的方法来提高整体的交易额。一个爆款接着一个爆款地呈现在直播间，让粉丝们应接不暇。

（5）爆款+利润款。

直播账号处于成熟期，直播间人群画像精准，流量稳定且充足时，可以直接用爆款承接流量，然后推出利润款去提高利润。

项目三 规划直播货品

（6）爆款+常规款。

这种方法同样是针对成熟的直播账号，已经不再依赖引流款去保证流量时，直接用爆款来承接流量，用常规款来进行测款。

以上6种排品方法需根据直播账号运营阶段以及运营团队能力来综合考虑是否适用，不同的排品模式的营销目的不同，具体总结如表3-2-3所示。

表3-2-3 常见直播排品模式及目的

序号	排品模式	目的
1	引流款+爆款	提升流量、冲交易额（GMV）
2	引流款+爆款+利润款	提升流量、冲交易额（GMV）、提高利润
3	引流款+爆款+常规款	提升流量、冲交易额（GMV）、测款
4	连续爆款	冲交易额（GMV）
5	爆款+利润款	冲交易额（GMV）、提高利润
6	爆款+常规款	冲交易额（GMV）、测款

知识拓展

营造安全放心的网络消费环境

相较于线下消费，网络消费具有交易环境虚拟化、交易空间跨地域等特点，存在假冒伪劣、网络诈骗、个人信息泄露等隐患。以直播带货为例，有的直播间充斥着虚假宣传、虚标价格、虚报订单等若干"消费陷阱"，有时就连跟帖评论、"抢单""购物"的，也是网络经营者雇来烘托气氛、误导消费的"水军"。维权难是网络消费的另一个突出问题。有些消费者经常遇到网络平台、网络经营者、产品供货方、第三方支付平台、物流等相互推诿扯皮的情况。现实生活中就发生过这样的案例：直播带货结束后，网络经营者直接关店，致使消费者在网上无迹可寻、无证可取。

营造安全放心的网络消费环境，应当坚持"线上线下一致"原则。网络并非法外之地。新技术新业态发展到哪里，人民群众的需求在哪里，法治保障就应当跟进到哪里。无论线下还是线上购物，都受到法律保护。有关部门应按照与日常市场监管同样的标准和要求，依法规范网络消费健康发展。

落实到具体实践中，需坚持问题导向，抓住重点环节，堵漏洞防风险，不断织牢扎牢消费者权益保护网。环境好了，消费更安心，市场更广阔、更活跃。新征程上，要更好统筹发展与安全，提升网络消费环境法治化水平，引导网络经营者不断增强优质产品和服务供给，让消费者买得安心、用得放心，让网络消费活力不断迸发。

选自《人民日报》（2023年04月13日版）

启示：

直播带货发展迅速，已经深度嵌入大众生活。带货，带火了相关商品，也带来了经济活力，便利了公众消费，但不可否认，带货直播确实存在一些问题，出现各种损害消费者利益的乱象。通过加强政府监管和平台自律，提高主播的素质和道德水平，并引导和培育健康的网络文化，才能够有效解决直播乱象问题，保障消费者合法权益，为社会的和谐发展和公共利益提供良好的网络环境。正如党的二十大报告所提："我们要实现好、维护好、发展好最广大人民根本利益，紧紧抓住人民最关心最直接最现实的利益问题，坚持尽力而为、量力而行，深入群众、深入基层，采取更多惠民生、暖民心举措，着力解决好人民群众急难愁盼问题，健全基本公共服务体系，提高公共服务水平，增强均衡性和可及性，扎实推进共同富裕。"

项目四　筹备直播间

项目引言

直播电商的基础要素分别是人、货、场，三者环环相扣，缺一不可。其中"场"，从广义上来讲，既指直播平台，更指的是直播间，是主播展示商品和与观众互动的场所。本项目中，我们重点掌握学习直播间的筹备。"场"是直播带货的前提，想要做出一场优秀直播，提前筹备一个吸睛的直播间必不可少。用户是否点击进入直播间，取决于他第一眼的观感体验，进入每个直播间里面，感受的氛围和气场都是不一样的。所以，直播间的搭建一定要符合产品调性，不能随意，更不能脏乱差。直播的画质一定要高清，并且没有光线死角，直播间如果画质模糊，根本留不住用户，更别谈卖货。总而言之，一定要给消费者优质的观感体验。那么，如何来搭建一个吸引用户眼球的直播间？

项目目标

知识目标

1. 了解直播间的类型。
2. 了解直播间所需设备。

能力目标

1. 能够根据直播需求，对直播间进行信息设置。
2. 能结合直播营销目的，搭建直播间。

素养目标

通过直播间搭建，培养团队协作意识。

知识导图

知识单元一　搭建直播间

知识探究

直播场地是实现直播销售的必备条件。为了能够更好地促进直播销售,直播团队需要为直播选择合适的场地,搭建符合货品属性、货品人群定位、主播人设的直播间。那么,应该如何搭建直播间?直播间的搭建需要哪些设施设备?灯光背景又应该如何设置呢?

知识学习

1. 选择直播场地

直播场地并不是固定不变的,而是根据直播类型和产品的需要,选择合适的直播场地。目前较为常见的有两种:一种是水产海鲜、果蔬种植等类型产品,可以安排在现场进行直播销售;一种是搭建专门的直播间,这种情况适合大多数产品的直播需求。

(1) 直播场地设在生产过程的真实场景中。

一些农产品、水产海鲜销售的直播场地就设在果园或者是海边等供应链真实场景中。以结满果实的种植园、放满刚刚捕捞上来的海鲜的渔船作为直播的背景,主播从树上直接采摘或者直接海边加工装箱发货的海鲜,能够让观看直播的用户,感受到产品的新鲜和减少中间商赚差价,感受到真实,能激发用户的购买欲望。

(2) 搭建专门的直播间。

另一种场地的选择,则是自己根据直播类型和产品特点搭建专门的直播间,这种直播场地比较灵活,随时能够调整。需要重点考虑以下几个要素:直播间环境、直播间灯光、直播间收音效果、拍摄及输出等，搭建具有品牌调性、体现产品特色、符合主播人设的直播间，从而吸引用户停留，促进快速成交。

2. 搭建直播环境

（1）规划直播间空间。

直播间的空间规划应该是让人看起来既饱满又不显拥挤。用户既能感受直播间的丰富和视觉上的享受，又不至于因为太过拥挤而显得凌乱。

直播场地的大小要根据直播的内容进行调整，个人直播间标准大致控制在8到15平方米。如果是美妆直播，8平方米的小场地即可；如果是穿搭、服装类的直播，要选择15平方米以上的场地；团队直播场地标准大致为20～40平方米。当然，直播间的空间大小也不是固定不变的，也会受到直播类型如站播或者坐播的不同而改变。直播间隔音效果也是非常重要的一个方面，大多数的企业在建立直播间的时候，受到场地面积限制，多数情况都是把直播间连在一起搭建，因为在搭建初期就要考虑好隔音效果。一般空间较小、相对比较安静的直播间只需要在地板铺上吸音毯，避免回音；如果直播间较大、较空，墙壁光滑且有回音，就需要在墙壁上布置吸音棉，加强隔音效果，避免直播间相互干扰。

（2）设定直播间风格。

当用户使用手机，刷到你的直播间时，直播间的整体风格决定了他们的第一观感，甚至决定了用户是否点击进入。直播间不应该做一劳永逸的风格，必须根据品牌调性、产品特点、主播人设、用户群体等不断调整，在确定直播间风格的时候要将这些因素考虑进去。例如，产品的用户群体为男性，则可以用偏科技感的深色风格；如果产品的用户群体为年轻女性，主播人设也是可爱风格的，就可以用粉色系、紫色系、梦幻系风格等。我们在确定直播间风格的时候要借鉴同品类的做得较好的直播间风格。

（3）布置直播间背景。

直播间最好以纯色、浅色背景墙为主，以简洁、大方、明亮为基础打造，也可以用带有图案的背景纸，延伸视觉空间，提升直播间调性，总之不能过于花哨，杂乱的背景容易使用户反感。另外，灰色是摄像头比较适合的背景色，不会反光，视觉舒适。尽量避免使用白色，因为容易反光，展示产品时，容易给用户造成镜头模糊、看不清楚的困扰。

除了背景纸，直播背景还可以用 LED 屏、活动海报或者用实物展示货架，这些都能够明确直播主题，并且可以很好地烘托直播的气氛。

（4）划分直播间区域。

确认场地和风格之后，要对直播间进行适当的功能划分和设计，考虑每个部分需要放什么东西，衡量在镜头里呈现的内容。

直播间区域通常划分为直播区、货品陈设区、其他活动区。其中，直播区是直接出现在观众屏幕里边的区域，这也是我们直播间最重要的区域。货品陈设区可以根据直播需要，选择部分出现在画面中，在镜头前或在主播身后作为背景部分在画面外，放置直播需要的样品，让空间显得更加饱满。其他活动区一般是不入镜的区域，比如说运营人员的操控区，主要是协助主播讲解过程中，操控直播后台，对商品进行上下架等。

3. 布置直播灯光

（1）直播间灯光类型。

在直播间有这样一句话：只要光线用得好，直播画面差不了。说明光线对于直播的效果有着不容忽视的作用。直播间应该让用户感觉到明亮通透，灯光较暗的直播间用户是不愿意长时间停留的。

不同的灯光有不同的作用。在布光之前，需要先了解直播间会用到的光源类型，通常直播过程中用到的灯光有主光、辅助光、轮廓光、顶光和环境光。直播间常见灯光设备如图 4-1-1 所示。

直播间灯光布置效果演示

图 4-1-1　直播间常见灯光设备

①主光。

主光是直播间主要光源,承担起主要照明的作用,通常选择球形灯。球形灯主要有两个作用,一是直播间照明,增加直播间亮度;二是照亮主播的脸部和身体,确保主播的形象清晰可见。一般放置在主播的正面,与摄像头镜头光轴成0~15°夹角。因为从这个方向照射的光充足均匀,使主播脸部柔和,达到磨皮和美白的效果。

②辅助光。

辅助光是辅助主光的灯光,用于补光,增强主光的效果,填补主光无法照射到的细微部位,如眼睛、脸庞侧面等。一般从主播左右侧面90°照射,左前方45°打辅助光可以使面部轮廓产生阴影,打造脸部立体感;右后方45°打辅助光可以使面部偏后侧轮廓被打亮,与前侧的光产生强烈反差。这样可以制造面部轮廓阴影,塑造主播整体造型的立体感。使用时候要注意光照的亮比调节,避免光线太亮使面部出现过度曝光和部分过暗的情况。

③轮廓光。

轮廓光又称逆光,从主播的身后位置放置,勾勒出主播轮廓,可以起到突出主体的作用。一般放在主播身后。从背后照射出的光线可以使主播轮廓分明,将主播从直播间背景中分离出来,突出主体。一定要注意光线亮度的调节,如果光线过亮会造成主播背后佛光普照的效果,直接影响了整个直播间。

④顶光。

顶光是次于主光的光源,从头顶位置照射,给背景和地面增加照明,同时加强瘦脸效果。

一般是从主播上方照下来的光线,可以产生浓重的投影感,有利于轮廓造型的塑造,起到瘦脸的作用。位置最好不要离主播位置超过两米。

⑤环境光。

环境光又被称为背景光,主要作用为背景照明,同时起到室内光线均匀的作用。需要注意一点,背景光不宜过强,避免影响别的光源。背景光要采取低光源照射背景,可以同时使用多个光源。可以使主播与背景完美分离展现,烘托气氛。背景光的设置要尽可能地简单,切忌喧宾夺主。

(2)直播间灯光布置。

直播间灯光布置要根据直播间的面积、品牌调性、直播的产品、直播的要求、主播的特点等来综合考虑。在灯光布置的过程中也需要通过多次测试和调试才能完成。在灯光布置过程中可参考出售灯光设备网店的建议布置，如图4-1-2所示。

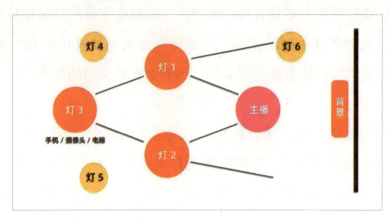

图 4-1-2　直播间灯光布置图

知识拓展

小家电刷新大市场

直播销售、反向定制，传统产品突破发展瓶颈

"现在给大家推荐一款升级版扫地机器人，转速高、吸力大，还可以边扫地边拖地，方便又省心！"在上海万象城科沃斯专卖店，产品展示区变为"直播间"，公司员工主播正通过抖音直播在线推介新品扫地机器人。一天下来，数万人"围观"，成功销售上百台产品。在今年"618"促销期间，门店和直播间的合计成交额便突破70万元，其中直播间用户订单占60%以上。

"相较于传统大家电，小家电单品价值低、细分品类多、生命周期短，消费属性更强。与此同时，其具有的高颜值、多功能、强社交属性，顺应了消费年轻化、个性化、精致化升级趋势。"在抖音电商相关负责人看来，小家电企业纷纷布局短视频和直播，看中的便是平台对于年轻群体的吸引力，通过直接与消费者互动，能够更好倾听消费者声音，将平台的吸引力转化为实际的购买力。

顺应消费升级趋势，开拓广阔内需市场，一些小家电企业正向发力，通过平台更精准触达消费者，也有一些企业反向借力，深度挖掘用户需求定制产品。

"以前有什么卖什么，现在可以根据用户需求来反向定制家电产品，让产品创新更精准，定制化正成为小家电产业发展的重要趋势。"中国家用电器协会有关负责人介绍，前不久，中国家用电器研究院携手京东、美的、九阳等共同制定并发布了《低碳

项目四 筹备直播间

电饭煲烹饪的米饭品质评价技术规范》。这一团体标准的出台将让反向定制智能小家电产品的发展走向标准化、规范化。

节选自《人民日报》（2021年09月15日）

启示：

伴随网络直播热潮兴起，直播带货已经成为小家电零售企业主要营销手段。直播不仅可以带动线上销售，同时能为线下门店导流，进一步增强用户黏性。反向定制的小家电产品上市即成为爆款，以用户为中心的产品研发和设计是企业核心竞争力，拥有"用户思维"的企业也拥有了用户。

知识单元二　调试直播设备

知识探究

搭建好直播间以后，为了将主播直播画面展示给用户，需要配备相应的直播设备，包括灯光、摄像机、声卡等。直播前，为保证直播时设备运转顺畅，还需对直播设备进行调试，检测直播间整体效果，保障直播活动顺利进行。那应该如何对直播设备进行调试呢？

知识学习

1. 调试拍摄设备

直播间需要的拍摄设备包括但不限于以下几种：手机及支架、摄像头和专业摄像机、拍摄云台、电脑等，并非每一场直播都需要用到所有设备，而是根据不同的直播要求，选择合适的设备即可。

（1）手机。

手机一般选择分辨高的，可以保证画面高清度；内存推荐参数至少为 8G+128G，画面稳定；如果有夜间直播需求，建议考虑夜间拍摄效果好的手机。

（2）手机支架。

手机支架一般有两种类型，包括落地式支架、桌面支架。根据直播需要，支架选择指标：稳定、轻便、可多角度灵活拍摄。

项目四 筹备直播间

（3）摄像头。

摄像头的质量会影响直播的音画效果，可以选择高品质的摄像头，这样方便获得清晰的细节和鲜艳的色彩；也能够自动对焦和光线校正以及可多角度捕捉声音。

（4）摄像机。

如果对于直播质量、直播画面有更高要求，则需要使用摄像机。这是因为摄像机通常具有更高的分辨率和更高质量的传感器，可以捕捉到更多的细节和色彩，同时可以通过镜头的曝光、对焦、白平衡等参数进行精细调整，达到最佳的画质效果。

（5）拍摄云台。

拍摄云台一般可以兼容手机和相机，是一种可以控制摄像机运动的控制装置，它可以支持摄像机的水平、垂直和旋转方向的运动。比如可以控制摄像机上下左右旋转，以获得不同视角的影像记录，能够保证画面的稳定性，避免出现摄像机抖动、画面模糊等问题。

（6）电脑。

电脑并非直播间必要的设备，但是对于多数直播间来说，往往都会配备一台配置较好的电脑。这是因为，大多数直播间设有运营人员工作区域，他们可以借助电脑操作直播后台，同时，对于专业度较高的直播间，也需要利用电脑进行绿幕抠像直播。

使用电脑进行绿幕抠像直播演示

2. 调试声音设备

（1）声卡。

外置声卡就像是一个调音台，可以调节音量、清晰度，加伴奏和加音效，也可以连接各种设备，如监听耳麦、乐器等。好的声卡标准就是看声卡处理芯片，输出到电脑端或与手机直连，无失真，可以减少延迟，以及音质损失越小越好。

（2）麦克风。

在直播的过程中为了保证音质，一般会选用专业的麦克风来保证好的收音效果。麦克风的类型主要有动圈麦克风和电容麦克风两种，比较常用的是电容麦克风。

知识拓展

2022年家电行业规上企业营收1.75万亿元
——新供给创造新需求

实时视频引导、一键蒸汽清洁，智能蒸烤炸一体机让厨房新手也能做出美味大餐；搭载活性锰除甲醛技术的绿色空调，"除醛+送风"48小时，耗电量还不到1千瓦时……日前，为期4天的中国家电及消费电子博览会在上海落下帷幕，国内外上千个品牌集中展示的新产品新技术。

从纵向延伸到跨界联动

家电行业进入发展新阶段，消费端和整机制造端在高效节能、安全可靠、低碳环保等方面，对产业链上游配套企业提出了更高要求，持续增强协同创新能力将为家电业转型升级增添新动力。智能化已成为家电业发展的一大趋势。相比往届，今年的展会更加突出智慧生活的整体化展示，家电与消费电子产品不局限于单一使用场景，而是深入消费者生活的方方面面。

用新技术激发新潜力

以电视为例，近年来，传统电视产业发展遭遇瓶颈，提振需求成为整个行业面临的课题。面对消费者对"大屏"需求的增加，今年展会上，创维、海信等企业带来更优质的8K超高清显示产品，清晰度、刷新率更高，画质更好。

家电行业骨干企业的平均研发投入强度已从3%提升到4%，中国家电已经建立起自主的科技研发体系，在技术上逐步实现了从跟随到引领的蜕变。

为扩内需注入新动力

高品质、智能化、绿色化等消费需求，将助推行业持续提档升级。人们对美好生活的向往，高品质、智能化、绿色化等消费需求，将助推行业持续提档升级。随着新兴家电增长迅速、关键技术升级显著，我国家电行业将向着"成为全球家电科技创新的引领者"的发展目标稳步迈进。

节选自《人民日报》（2023年5月6日）

启示：

党的二十大报告指出："加快发展方式绿色转型。……实施全面节约战略……发展绿色低碳产业……倡导绿色消费，推动形成绿色低碳的生产方式和生活方式。"从本次展会上可以看到，家电产品在技术革新的推动下，产品日趋智能化、绿色化、品质化，为消费者创造绿色低碳的生活方式。

项目四 筹备直播间

知识单元三 设置直播平台信息

知识探究

当直播带货所需要的硬件设备准备就绪后,直播团队准备按照原定计划,利用公司抖音号进行直播。那么,在开播之前,团队应该为公司的账号设置哪些信息?

知识学习

1. 账号基础设置

账号基础设置演示

即用最简练的话介绍自己、公布直播时间,如图4-3-1、图4-3-2所示。

图4-3-1 账号设置(1)

图4-3-2 账号设置(2)

49

2. 直播间设置

设置好账号基础信息以后，接下来进入直播间页面，在开播前，也需要对直播间进行设置，方便用户、粉丝对直播间的了解以及团队对直播间的管理。直播间设置如表4-3-1所示。

表 4-3-1　直播间设置

设置直播间头像和名称	直播间介绍、开启同城定位	屏蔽词设定：可以有效规避黑粉

知识拓展

家电转型升级 激发消费潜力

精准规划路径叠加拖布自清洁，升级版扫地机器人让日常清洁更轻松；搭载全新传感器的空气净化器，不仅噪声小、耗能低，还能远程一键除醛送风；实时视频引导、自动蒸汽清洁，新式蒸烤炸一体机让厨房新手爱上下厨……在家电卖场走上一圈，不同品类琳琅满目，新意扑面而来。各大家电品牌的持续上新，映射着家电产业的涌动活力。

提升创新能力，发展全屋智能

今年以来，中国家电产业结构转型升级趋势更加明显，以绿色智能为特点的高端产品供给充足有效，带动产业运行稳中有进。全屋智能的转变，在为用户带来个性化、定制化体验的同时，也成为拉动家电行业增长的新引擎。

推动存量更新，完善应用生态

在家用产品耐用性不断提高的情况下，产品更新周期较长，倘若产品新功能无法有效改善消费痛点，更新换代的需求便会萎缩。更多品牌正以集成化让传统家电产品焕发新活力。功能的集成化不是家电单品随意的组合，而是根据特定场景下用户的操作习惯，最大限度满足用户需求。

扩大优质供给，拓展农村市场

一方面，不断扩大优质供给，推动智能家电产品升级和附加值提升。与家电消费升级相适应，需要在家电以旧换新、推广智能集成家电、废旧家电回收等方面精准施策。另一方面，持续拓展农村市场，加快推动绿色智能家电下乡。快建设多层级消费中心，大力推动绿色智能家电下乡，更好完善农村家电售后服务体系。

节选自《人民日报》（2023年08月11）

启示：

家电产业是我国传统优势产业，也是工业稳增长、促消费的重要引擎。如上述文章所述，家电转型升级，提供绿色智能、功能集成化的家电产品给消费者，激发消费潜力，提高人们生活品质，为老百姓创造美好生活。

项目五 策划直播内容

项目引言

直播内容是直播电商中呈现给用户的部分，主要是主播展示以及与用户之间的互动过程。直播内容主要通过直播脚本以及主播话术来呈现。在直播前，根据直播目标编写直播脚本、设计主播话术，做好直播内容的策划，以达到引流、留客、锁客和回流的目标，这是一场成功直播活动的保障。

项目目标

知识目标

1. 认识直播脚本与不同环节的直播话术。
2. 掌握直播脚本的作用以及直播话术的设计思路。

能力目标

1. 能够根据直播目标编写直播脚本、制定直播流程。
2. 能够结合产品卖点，依据流程设计各环节直播话术。

素养目标

1. 通过直播脚本流程的设计，培养专注、细心的职业素养、统筹规划能力与运营思维。
2. 通过话术的设计过程培养创新精神、服务意识与诚实严谨的职业道德。

知识导图

直播电商实务

知识单元一　编写直播脚本

 知识探究

在创作电影、动漫时都会先写出大纲或脚本将故事情节预演一遍，而直播过程作为内容的呈现，也需要设计脚本，去预设直播的全过程。这样可以让我们在直播时明确直播目标，控制直播节奏，规范直播流程，最终达到预期目标，让正常直播实现最大转化。那么直播脚本应该怎么写呢？具体包括什么内容呢？

知识学习

1. 直播脚本的定义

脚本，可以说是故事的发展大纲，用以确定故事的发展方向。开展一场电商直播也需要提前写好对应的脚本，作为整场直播的规划方案，以确保直播流程有序进行，并达到预期目标。直播脚本也分为：整场直播脚本、单品直播脚本。

整场直播脚本是指对指定的一场直播的各个流程进行分类后，使用描述性的语言编写对应流程的设计方案。

单品直播脚本是指针对单个产品进行详细描述，包括图片、品牌介绍、卖点、数量、价格等，帮助主播快速整理商品信息，设计直播话术。

因此一份条理清晰、内容详细、可实施性强的直播脚本是直播获得良好效果的前提基础与重要保障。

2. 直播脚本的组成要素

（1）直播主题。

主题是指中心思想，所以直播主题可以看作整个直播活动的中心主旨，是在开播前需要提前指定的核心内容，关乎直播整个流程细节的设计。直播的每一个环节都是需要围绕着直播主题去设计，包括产品定价、活动计划以及主播话术等。在策划直播主题时可以站在用户角度去思考什么样的主题吸引人，直接点明本场活动的最大亮点。

例如：

①节日+用户+产品："三八女神美妆节""开学季学生必备文具装备""男人节潮男购衣首选"。

②产品+利益点："特级红富士苹果9.9元秒杀"。

③名人+产品："×××推荐的BB霜""×××也在用的面膜"。

④节日+产品+促销："夏季短袖19.9秒杀""冬季羽绒服99清仓"。

通常直播主题都会以突出的文字出现在直播间的中上方，如图5-1-1所示。

图 5-1-1　双 11 大促直播主题

（2）直播目标。

直播目标就是本场直播期望所要达成的目标，例如点赞量、转粉量、互动率、进入曝光率、停留时长、点击成单率等。

（3）直播人员。

一场直播的顺利开展，不只是出现在镜头面前的主播、助播，在幕后还有负责各个直播环节的工作人员在相互配合，所以需要提前对直播各个部分的工作进行人员安排。例如：主播负责介绍产品、引导关注；助播、场控负责回答问题、发放福利优惠券，管理直播秩序；运营负责制定直播活动、直播数据分析等。

（4）直播时间。

每场直播的开播时间与直播时长都需要提前预订，并严格按照时长进行流程设计。除此之外，不同时间段的流量也不同，直播团队需要收集各个时间段的直播数据对直播时间进行调整,将效率最大化。

(5)直播内容。

直播内容是直播最关键的部分,包括产品简介、产品数量、产品价格、产品类型、产品成分、产品卖点、活动优惠等。在脚本中提前将产品关键内容提炼出来可以帮助主播快速熟悉产品解说关键内容以及设计直播话术。

(6)直播流程。

直播流程是将直播各个时间段进行安排策划,例如开场预热、活动预告、第一款商品讲解、互动、福利赠送、第二款商品讲解等,让直播有序进行。

(7)注意事项。

在直播过程中,有直播内容的关键点需要强调以及相关平台的直播规定必须遵守,所以必须在直播之前将这些重点以及可能出现的问题提前点明出来,避免直播错误。

不同电商平台直播规则讲述

3. 直播脚本的作用

(1)保证直播流程有序规范进行。

在主播开播时,如果没有提前对直播内容进行熟悉与排练,就会出现直播冷场、尬播等情况,直播时流程也会毫无逻辑。所以,需要在开播前准备好直播脚本,对直播内容进行梳理与设计并提前预演,才能让直播团队在开播时有条理地推进直播工作。

(2)最大化达成直播效益。

每场直播都有自己的直播目标,不同的直播目标会对应选择不同的活动方式与互动方式,直播脚本如果提前按照设定好的直播目标进行策划设计,才能让直播团队实时不偏离目标进行,实况直播效益最大化。

(3)控制直播节奏。

直播的节奏影响到整个直播的流程进度与用户观看直播的情绪,根据脚本中设定好的流程进行各个产品的预热、爆发、收尾,条理有序、节奏紧凑,才能出现好的直播收益。

项目五 策划直播内容

（4）规定主播直播行为与话术内容。

直播脚本为主播提供了开播后行为与话术的大框架，让主播能在直播过程中对照脚本明确下一步的行为以及话术上的查缺补漏。

（5）减少直播过程中发生突发事件。

直播过程中通常伴随着突发性，而直播脚本作为已经设定好的工作流程，可以帮助减少发生直播错误，或是发生突发状况后帮助直播团队及时调整到正确的流程上，不影响直播的正常进行。

（6）帮助复盘总结，优化直播。

在直播结束后，通常要复盘整场直播数据进行分析，提前准备好直播脚本就可以在直播时，在对应的直播流程上记录下相对应的数据以及出现的问题，复盘时就可以更有针对性地解决问题，并通过不断调整脚本，将直播内容逐步优化。

4. 整场直播脚本

整场直播的脚本流程可以分为以下9个步骤：

第一步：前期准备。

前期准备包括直播的宣传预告、直播主题的设定、人员安排、设备调试、产品整理等。

第二步：开场预热。

开场预热环节由主播通过话术对整场直播活动的主题、主播个人介绍、涉及的品牌介绍、亮点产品的透露等，并调动起观众情绪引导观众停留，为后续做好铺垫。

第三步：直播活动介绍。

开场的活动介绍环节是通过对本场直播的福利优惠活动告知观众，激发观众兴趣与热情，让观众停留在直播间，为后续卖货做好铺垫。有时候也会在直播间直接表现出来，如图5-1-2所示。

图 5-1-2 直播活动介绍

第四步：产品讲解。

产品讲解环节是直播的关键内容，主播要全方位地对产品进行介绍，向对标人群理性分析产品优缺点。在这个环节要实事求是，不可夸大其词、虚假宣传。

第五步：产品测评。

产品测评是帮助消除观众购买疑虑的环节，在这个部分主播需要站在用户的角度去思考用户关心的问题从而进行使用测评，这样才能让观众对产品和主播建立起信任感。

第六步：互动参与。

直播不是主播一个人的语言表演，想要达成预期目标，那么在直播进行到中间环节时就该与粉丝积极互动。在这个过程中调动直播间观众的活跃度，吸引新用户的加入，为观众答疑解惑，加强建立主播与用户之间的信任感。

第七步：福利赠送。

直播间只靠产品的讲解与互动是不足以吸引新用户停留观看的，所以在直播过程中需要不时穿插福利赠送环节，既能吸引新用户，又能够调动起直播间的节奏。

第八步：结束总结。

在直播到达尾声时，主播应该对本场直播的品牌以及主推产品进行再次强调，向观众表示感谢，同时最后再一次引导新用户关注。

第九步：活动预告。

在直播结束时，主播还需要将下一场直播的主题与开播时间告知观众，为下一场直播做好铺垫。整场直播脚本案例如表 5-1-1 所示。

表 5-1-1 整场直播脚本

×××护肤品牌整场直播脚本			
直播主题	拯救大油皮、专为年轻油皮研制		
直播目标	500 名新用户关注，营业额 10 万		
直播时间	5：00—9：00	直播地点	301 直播室
商品数量	12	道具	展板、粉丝群二维码
主播人员	小明、周周		
内容提纲	1.品牌发展历程，目前主营业务 2.成分讲解 3.产品讲解 4.直播间福利介绍 5.产品搭配推荐 6.下期直播预告		

项目五 策划直播内容

续表

×××护肤品牌整场直播脚本					
场控人员		运营人员			
时间段	流程	主播		场控	主推产品
5:00—5:05	开场预热	介绍直播主题、引导粉丝点赞关注			
5:05—5:10	抽奖环节	粉丝福利活动、评论截图送产品		评论区引导粉丝刷屏	
5:10—5:25	福利品引流	介绍福利产品、引导评论和下单		评论区引导粉丝刷屏、营造直播间气氛	保湿清洁洁面乳
5:25—5:35	爆款产品讲解	产品讲解与展示		辅助商品展示	多酸清洁泥膜
5:35—5:55	爆款售卖	福利讲解、追单促单		辅助商品展示、辅助促单	多酸清洁泥膜
5:55—6:20	利润产品讲解	产品讲解与使用展示、引导评论区互动		辅助商品展示、评论区带节奏	修护保湿面膜
注意事项	1.直播过程每半小时，抽奖、推广、红包、拍卖。 2.直播过程中多谢关注的人，多引导关注、点赞，多介绍本场活动及本账号。 3.整场节奏速度要快，营造紧张火热的场景人设				
直播流程细化					
直播预热	短视频预告引流、社交媒体图文预告引流				
话题引入	夏季油皮的皮肤问题、底妆脱妆				
产品讲解	序号	名称	卖点	数量	优惠	关键词	备注
	1	保湿清洁洁面乳	买一送一、氨基酸清洁毛孔、植物提取物抑制出油	200	39.9秒杀	控油、清洁、氨基酸、植物提取	成分测评报告
	2	多酸清洁泥膜	清洁黑头、疏通毛孔、针对油皮	100	粉丝减20元优惠	清洁、保湿、油脂、黑头、科学	成分测评报告
	3	修护保湿面膜	修护舒缓稳定肌肤屏障、敏感肌肤可用	160	粉丝送2片面膜+洗面奶小样	油橄榄、面膜、不刺激、修护、保湿	成分测评报告顾客好评
直播收尾	预告明天直播主题与时间，最后拉一波下单与关注，再次强调直播间名称与主播名字				

5. 单品直播脚本

单品直播脚本案例如表 5-1-2 所示。

表 5-1-2 单品直播脚本

单品直播脚本							
主播	品牌介绍	产品	卖点	数量	日常价	活动价	
周周	×××化妆品原料公司旗下、新兴国货护肤品、针对油皮研制产品	氨基酸洁面深洗卸二合一洁颜蜜	清洁、卸妆二合一、控油、六大无添加	2 000	89元	58元买一送一、粉丝送小样	
直播目标		新用户关注1 000人,出售1 500件					
需求引导		1.夏季油皮的肌肤问题:出油、脱妆、闭口、粉刺、黑头 2.普通清洁产品难以真正清洁油皮,不能做到控油并保湿					
直播安排	时间	流程	口播关键词	卖点	场控	备注	
	5分钟	预热	欢迎词、品牌实力介绍、引导关注加粉丝团		评论区引导关注加粉丝团		
	5分钟	活动介绍	讲解活动规则、引导粉丝评论参与活动		评论区带动节奏		
	10分钟	互动	挖掘痛点(普通产品不能深层清洁油皮,引发肌肤问题、影响化妆效果)放大需求、给出方案		营造氛围	图片展示肌肤问题状况	
	15分钟	产品讲解	油皮挚爱、可卸淡妆、懒人福音、控制油脂、持续清爽、洁面后不紧绷	卸妆二合一、深层清洁、配方安全有效	辅助产品展示		
	5分钟	产品背书	专业机构测评、产品真人测评前后对比	多重表面活性剂复配,让效果1+1大于2	展示测评报告与好评截图		
	10分钟	引导下单	与日常价对比、强调买一送一、福利引导加入粉丝团	性价比高	带动紧张气氛,评论区引导加入粉丝团	展板展示福利	

知识拓展

国内大火，海外"出圈"！国产美妆品牌加速出海抢占国际市场

数据显示，近几个月我国化妆品类的商品零售额同比大幅增长。美妆市场回暖态势较好，潮流美妆再次成为业内关注的焦点。

国产美妆销量持续攀升离不开企业的技术研发，今年上半年，有6家国产化妆品品牌公布独家"中国成分"。重研发逐渐成了国货美妆行业的新趋势。从事多年化妆品研发的郭微表示，采用自研成分可以解决原料采购高定价或价格不透明，以及国际市场在原料上"卡脖子"的问题。

国家药监局化妆品新原料备案数据显示，截至目前，已有超过60个新原料注册在案，其中抗衰老成分数量最多。国产美妆品牌加速出海抢占国际市场，国货化妆品不仅在国内火了起来，在海外也成了"出圈"产品。同心锁口红、鼻烟壶粉底液器型等国产美妆产品将中式妆容、中国美学一并带"出海"。

在广东深圳一家美妆企业里，曾玲正在和同事准备出货前的样品校对。她表示，他们发往非洲市场第一批货品已经卖完了，现在急需补充新品。让曾玲开心的是，国外消费者对国产化妆品的需求有了不小的提升。

某跨境电商平台负责人表示，美妆是国际站平台采购量排名前十的行业之一。今年海外活跃采购需求同比提升两成，北美和欧洲是核心需求市场，而中东和东南亚市场呈现高速增长趋势。

日前发布的《RCEP化妆品市场研究报告（东盟篇）》指出，2022年中国出口至RCEP其他成员的化妆品总额从2021年的9.8亿美元升至15.1亿美元，同比增长53.8%，占中国化妆品出口总额的比重从20.2%上升至26.4%。

选自中央财经《正点财经》（2023年07月17日发布）

启示：

党的二十大报告提出："推进高水平对外开放。……稳步扩大规则、规制、管理、标准等制度型开放。……加快建设贸易强国……推动共建'一带一路'高质量发展。……维护多元稳定的国际经济格局和经贸关系。"国货化妆品牌抢占国际市场，通过在国外市场上建立积极的品牌形象，吸引更多国际消费者的关注和认可，提升了品牌的价值和市场地位。同时，这也迫使国产化妆品企业进行技术创新、产品升级和品牌营销策略的改进。国产化妆品抢占国际市场对国家形象提升、经济增长、品牌影响力扩大和行业创新推动都具有重要的意义。

知识单元二　设计直播话术

常有人说:"销售靠的就是一张嘴。"而主播就是线上销售人员。所以直播时主播讲的话是直播间带货转化率的关键,话术的质量直接影响观众的购买欲望。所以我们应该如何设计直播话术才能体现产品卖点激发购买欲呢?在直播的不同环节是否也有不同的话术设计?

1. 直播话术的作用

话术可以理解为说话的艺术,人与人之间语言的交流。在直播过程中,主播与粉丝的沟通能力对直播营销效果起到决定性作用,而直播内容的主要部分就是主播话术。一名主播,想要达到直播目的就必须提前设计好各个环节的话术,并在直播过程中熟练、灵活使用。针对不同的直播环节、不同的目的,都有各自对应的话术。

2. 直播话术分类

（1）开播暖场。

在直播开场是直播间给观众的第一印象,所以一定要能够激发观众兴趣,并将观众带入直播场景中,逐步渗透直播的营销目的。主播首先在情绪上要热情饱满,在这个环节可以设计具有个人人设短句、品牌特色文案、故事情节、用户问题、当下热点等作为引入,向观众介绍你是谁,你的直播间是做什么的。

项目五　策划直播内容

例如：

欢迎大家来到直播间，点点关注不迷路，主播带你寻好物。今天直播间要给大家分享的是冬天怎么选护肤品。有一到冬天就容易干燥、泛红的美眉们看过来。不管你是油皮、干皮还是混合皮，主播今天都会为大家做详细讲解介绍。

烟笼寒水月笼沙，不止东湖与樱花，门前风景雨来佳，还有莲藕鱼糕玉露茶，凤爪藕带热干面，米酒香菇小龙虾，守住金莲不自夸，赶紧下单买回家，买它买它就买它，热干面和小龙虾。

（选自：2020年四月央视新闻与淘宝共同举办"谢谢你，为湖北拼单"网络直播）

（2）开播留人。

在直播开播时，直播间会不断有人进入，这时候主播需要尽可能地引导新进来的观众关注直播间并且停留长一点时间，此时主播可以随机点名欢迎进入直播间的用户，让用户感觉被关注到了，再引导用户点击关注，重复告诉用户直播间是做什么的，接下来有哪些商品、福利、优惠活动，以此吸引观众停留，为接下来的带货环节积攒人气。

例如：

新进入直播间的宝宝，记得点击左上角的主播头像，关注主播，后续播最新的动态就会第一时间通知你喽。

欢迎×××（观众ID名字）进入直播间，可以点关注领取上方优惠券，今晚9点有限时秒杀活动哦。

今天主播要教大家一个非常厉害的夏季穿搭小技巧，学会了你就是女明星本人。还不知道怎么选衣服鞋子的宝宝，又想要夏天美美出门的，请留在我的直播间，我一定能教会你。

（3）商品介绍。

商品介绍环节是整场直播最重要也是最基础的一部分，直接影响到直播带货的转换率与收益，对于商品的介绍我们可以从以下几个点进行话术设计。

①产品举证。

主播在介绍商品时，可信度是最重要的，所以可以出示商品可信证明，证明产品是靠谱有保障的。可以在直播间展示以下内容：销量截图、网友好评、网红推荐、品牌资质、专家背书、质检报告等。

例如：

来我们直播间59元包邮，上个月就已经卖了14万件了。

这款面霜产品富含高浓拉帕乔植萃成分，如图5-2-1所示。

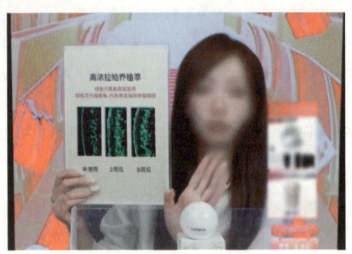

图 5-2-1　产品举证介绍

②专业化介绍。

从产品的功效、成分、材质、价位、包装设计、使用方法、使用效果、适用人群等多维度进行提炼介绍产品，提炼的侧重点可以从产品的功能属性、产品的优势、带给用户的价值这三个点作为切入点。

例如：

这款暖宝宝简直就是冬天的保暖神器，虽然是薄薄的一片，只有一包小纸巾那么重，但是发热效果比大家平时买到的都要好。一般的暖宝宝也就发热5个小时，我们家的暖宝宝可以持续发热9小时以上。而且今天在我们直播间原价60元一盒的高质量暖宝宝，给大家直播间专享优惠活动，点击上方领取19元优惠券，也就是50元60片暖宝宝带回家，平均算下来一片一元不到，却能带给你一整个温暖的冬天，让你在冬天也能穿得美美的出门。

③场景化介绍。

场景化介绍是指通过语言描述让直播间观众产生正在使用商品时的感受从而突出商品的卖点。场景化描述的套路一般是：使用对象+用户需求+使用场景。也可以理解为：谁在某种场景下需要解决什么问题。所以能否让观众通过话术的描述想象出美好的使用场景，是观众是否愿意买单的重要因素之一。主播可以直接给观众营造一个美好的氛围画面。

在推荐生活用品时,可以代入用户平时使用同类产品的场景以及会遇到的问题,在直播中告诉观众,你直播间售卖的产品可以避免这种情况。

以卷发棒为例。

例如:

直播间的美眉们平时在家自己卷头发,卷发棒温度很高,经常一不小心就会烫伤头皮,而且一旦忘记关开关还容易引发火灾,非常危险。那我们家的卷发棒是给大家做了一个隔离保护层,防止烫到宝宝们的头还有手,并且我们加了一个保护装置,超过5分钟没有使用卷发棒会自动关闭。

对于一些观众看不见摸不着的商品,例如香水,可以把观众闻不到的香味描述成观众能想象出来的实际场景。

例如:

就是屋顶上的花园,阳光穿透花瓣的明媚感,非常适合夏天。

穿着白纱裙,在海边漫步的女生,非常干净的感觉。

有一种下过小雨的森林里的味道。

④建立危机感。

建立危机感是指,给用户指出一些坏的结果,通过增加用户的恐惧与焦虑,给出解决方案,以此引导用户根据给出的方案下单购买对应产品。

例如:

市面上买到的普通牙膏是很难深层清洁牙渍的,时间长了我们的口腔就容易出现牙结石、口臭、牙龈出血等问题,看牙又是一笔不小的费用,不要省小钱花大钱;所以我们平时就要选择一款好的牙膏,比如我们直播间的这款牙膏。

(4)促单追单。

在主播介绍完商品后,部分观众还是会在下单购买时犹豫不决,此时需要通过主播的话术,打消观众的顾虑,激发观众购买欲,推动观众下单付款。常用的促单催单话术有以下5种:

①价格吸引。

例如:

天猫旗舰店的价格是79.9元一瓶。我们今天晚上,买2瓶直接减80元,相当于第1瓶79元,第2瓶不要钱,再给你多减2元,我再送你们一瓶保湿喷雾,这1瓶也要卖79.9元。

②限制时间。

例如:

还有最后三分钟,没有买到的宝宝赶紧下单、赶紧下单。时间到了我们就下架了。

③限制数量。

例如:

这一款真的数量有限,只有最后90件了。如果看中了一定要及时下单,卖完就不会再补货,大家喜欢的一定不要再犹豫了,不然等会就真的抢不到了!

④强调直播间优势。

例如:

今天在直播间下单的宝宝们,我们今天直播间为了回馈各位粉丝给大家争取到的特别福利活动,买满200就减30,付款时系统会自动减30。这是直播间粉丝们的专属福利,品牌目前只给了我们这个优惠力度,还在等什么?赶紧下单!

⑤建立信任。

通过话术让观众信任主播、信任产品,从而进行购买下单。

例如:

这款洗发水主播自己平时都在用,真的去屑效果非常好,主播原本也是经常头皮容易"下雪",但是现在真的很少出现头屑了。大家如果还不放心,我们邀请了10名志愿者参与测评,大家可以看到他们的使用前后对比。今天下单给大家送试用装,如果你用了没有效果,你可以退回来,我们承担运费。

(5)互动留人。

互动是算法评价直播间是否优质的关键指标。在直播中想要留住观众促进转化,获得更多的平台流量推送,就必须让观众参与进来与主播进行互动。互动方式包括关注、评论、加入粉丝团、点击购物车、点击商品等。当然互动要有计划和目的,要基于提前设定的直播目标,尽量引导观众进行有效互动,帮助达成直播目标,最常用的互动方式就是点赞、评论、关注,也是最容易达成转化的。

直播间评论互动可分为以下三种:

①提问式互动。

例如:

这款口红你们用过吗?

②选择题互动。

例如：

想要 a 款的扣 1；要 b 款的扣 2。

③刷屏式互动。

例如：

想要的宝宝在评论里扣"想要"；或者根据实际情况让粉丝按照直播间要求评论。

除了点赞、评论，直播互动时最重要的是要让观众加入粉丝团，才能为下一次开播积攒粉丝人气，增加用户忠诚度。

例如：

9 点我们的 a 款产品有限量秒杀活动，这个福利是用来感谢关注主播和加粉丝团的宝宝，仅限粉丝团的宝宝们参与哈，还没有点关注的宝宝抓紧时间点个关注，加入我们的粉丝团。

（6）直播收尾。

在直播收尾环节，可能还是有部分观众在直播间，或者刚刚进入直播间，这部分的观众很有可能还会下单，所以在最后的收尾环节，还需要再次激发观众兴趣，引导观众关注、下单或者入群，并且对下一场直播的主题或者产品做一个预告。

例如：

为了感谢家人们的陪伴与支持，我们直播的最后 10 分钟，再来一波粉丝抽奖福利，还没点关注的宝宝点点关注，只有粉丝才能参与抽奖哦。我们弹幕截屏，大家刷屏"666"我们截图，前五位粉丝宝宝，主播给你们每人送一个我们家的新款少女粉水杯。下单购买直播间的任何一款商品，随单赠送抽奖礼品。

直播间有没有还没付款的宝宝？我们马上就要下播了，直播结束所有商品恢复原价，就没有优惠了哦，优惠活动仅限今天，还没付款的宝宝抓紧付款不要错过啦。

今天的直播就到这里啦。家人们，我们明天晚上 8 点准时开播，先和大家提前预告一下明天我们会上车的好东西。有你们最近都在问的防水防晒霜，还有不脱妆粉底液，都是夏天美妆好物，而且明天的优惠力度非常大，大家记得来，千万不要错过哦。

3. 产品话术卡

产品话术卡是通过掌握产品基本信息和卖点后，从用户的购买心理活动作为切入点，

直播电商实务

进行内容整理与设计。产品话术卡的作用就是帮助主播把产品内容提炼出来加工成话术，逐步引发用户兴趣，唤醒用户的购买欲，建立起与用户之间的信任感，最后引导用户下单。使用产品话术卡还能帮助主播话术更加专业科学。产品话术卡如表5-2-1所示。

表5-2-1 产品话术卡

产品话术卡								
产品	三色眉粉		数量	200		品牌简介	2008年开架彩妆
权威背书			防水防汗检测报告			权威数据	月销量10 000+
原价			68			直播活动价	48
特征	卖点	案例	第一次引导下单	使用场景	第二次引导下单	同品类对比	第三次引导下单
不同三色	多肤色适用、一盒多用	画眉、修容、卧蚕均可使用	普通眉笔新手不适用、容易画得生硬	日常使用、上班族赶时间、学生初学化妆旅游外出化妆、补妆	场景化描述、方便携带、解决夏季外出眉毛脱妆掉色	高性价比、质量好、比普通眉笔耐用、防水防汗	限时限地，福利优惠买一送一
30克	耐用						
小巧自带眉刷	方便携带						
成分	防水						

根据产品话术卡设计的完整直播话术展示

知识拓展

AI 数字人当美妆直播 UP 主

由 AI 数字人根据实际需求提供精准可靠的答案、凭借 AI 技术几秒就生成一条符合传播渠道特点的文案……当传统日化美妆产业遇到人工智能，会碰撞出怎样的火花？近日，日化美妆行业 AI 大模型"妆舟"发布会在苏州工业园区举行，日化美妆产

项目五　策划直播内容

业扶持计划启动会同步举行。据悉，这一大模型将AI技术应用到美妆直播领域，可根据微信朋友圈、小红书等不同平台一键生成个性化文案，有效提升创业者的工作效率。

此次发布的"妆舟"大模型，主要有两大功能。一方面，基于15年以上的行业知识和行业数据，"妆舟"大模型可以为消费者提供美妆搭配方面的建议和帮助，回答关于化妆、护肤和服饰搭配等方面的问题。另一方面，可以为日化行业从业人员提供从产品开发、行业服务到品牌建设等不同方面的提案引导。"比如我们平时要分发文案，人工写一条估计得花个半个小时，现在只要输入一个关键词，它一到两秒钟就会把所有的文案呈现给你，效率大大提升。"二元工业首席产品官说。

选自《学习强国》2023年9月

启示：

党的二十大提出要实现高水平科技自立自强，进入创新型国家前列，AI技术的发展也推动着国货美妆的崛起，反映了中国制造业、品牌业等领域的不断发展和创新。同时，也体现了党二十大所提出的"坚持深化改革开放"的精神。在党的二十大精神指引下，我国将进一步推进改革开放，加强自主创新，推动高质量发展，促进经济持续健康发展。这些都将为国货美妆行业的发展提供更加广阔的空间和机遇。

项目六 推广直播活动

项目引言

直播间的流量也即直播的人气值，流量越高越容易被推广，也就能够获得更多的粉丝关注，得到更高的热度。直播间的流量是直播的基础，分为付费流量和免费流量。付费流量也即花钱投广告，或者与官方进行平台层面的合作，获得平台流量倾斜。但是对于绝大部分直播间来说，在不投广告的情况下只能依靠直播间运营优化，尤其是直播前的引流和推广，来获取更多免费流量。直播前期的引流推广工作主要包括两部分，一是确定引流推广的形式，包括图文、短视频等；二是确定引流推广渠道，将图文、短视频等内容投放到各渠道，为直播活动预热、推广。

项目目标

知识目标

1. 了解直播引流常见的形式、推广渠道。
2. 熟悉直播预告海报创作流程。
3. 认识短视频创作类型、优质电商短视频主题类型。

能力目标

1. 能够设计符合要求的直播预热海报。
2. 能根据脚本和分镜脚本拍摄、制作短视频。

素养目标

1. 培养学生的创新意识，提高审美能力。
2. 强化职业道德和底线，培养高素质直播电商人才。

知识导图

知识单元一　熟悉直播引流形式和渠道

知识探究

相较于传统的线下营销，线上营销有着更多的好处，譬如可以在不同时段吸引不同地方的顾客下单。因此，需要在直播的时候需要有足够多的客户能进入直播间观看并进行下单。那么如何做好直播引流工作，直播引流推广工作具体有哪些呢？

知识学习

1. 常见的直播引流形式

常见的直播引流形式主要有硬广、软文、短视频、问答、线下等形式。

（1）硬广引流。

企业通过官方媒体平台，直接进行直播活动的宣传推广。如官方网站、认证微博、微信公众号等，将直播活动的时间、账号、二维码、活动信息详细列出，进行宣传推广。

（2）软文引流。

软文是相对硬广而言的，从用户角度作为切入点，在文章的标题、开头、正文等部分看不到任何宣传推广的痕迹，在文章末尾才明确表达直播活动的详细信息。

（3）短视频引流。

用短视频的形式将直播的主题、内容、活动生动有趣地展示出来，非常符合当前网络用户的喜欢。优秀的短视频可以达到上百万，甚至千万级别曝光效果。

项目六　推广直播活动

（4）问答引流

借助百度知道、搜索问问、知乎问答、头条问答等平台，回答网友热点问题，植入直播活动信息，引导网络用户关注并前往直播间。

（5）线下引流。

在产品体验店、线下门店等，以海报、宣传单等方式对直播间、直播活动进行宣传，引导线下消费者关注直播。

2. 直播引流推广渠道

一场直播活动想要取得成功，需要有庞大且精准的流量支持。在直播前，需要进行直播引流推广，选择适合的渠道对直播活动进行推广，为直播活动预热、宣传，保证直播间的人气和热度。

（1）站内引流推广。

①淘宝直播推广。

在淘宝开展直播活动，可以使用钻展功能来为直播推广，实现淘宝直播间自主引流，提升直播账号私域流量和运营能力，主要有首焦推广和直播广场推广两种渠道。首焦推广主要是在钻展的首要位置，主要目的是吸引未关注的手淘用户。直播广场推广的位置在淘宝直播精选首屏，主要目的是吸引内部粉丝关注直播。首焦推广与直播广场推广如图 6-1-1 所示。两者的区别如表 6-1-1 所示。

图 6-1-1　首焦推广与直播广场推广

表 6-1-1　首焦推广与直播广场推广区别

引流推广渠道	人群	资源位	出价方式
首焦推广	未关注的人群	手淘推广首屏焦点	CPC/CPM
直播广场	内部粉丝群	直播广场精选首屏	CPC/CPM

②抖音、快手直播推广。

抖音直播引流推广的主要渠道有以下几种：短视频引流、同城引流、直播广场引流、小时榜。

短视频引流：在直播前发布直播预告短视频，在短视频的内容、文字、评论中植入直播的时间、主题等主要内容，为直播进行宣传引流。视频数据突出，可以投 dou+，尤其上热门后，短视频引流的数据是极为可观的。通常情况下，点赞量为 100 的作品，播放量会达到 3 000 ~ 5 000，其中约 80% 的人会进入直播间，综合引流量为 10 万人/小时。

同城引流：在发布视频时加上定位，粉丝更有可能因为同城推荐而进入直播间。通过抖音同城进入直播间的人数，占比 1% ~ 20%，综合引流量为 1 ~ 60 人/小时。

直播广场引流：直播间人气越高，推荐量越高，就越有机会被推荐到直播广场，获得更多的流量，主播的封面、标题直接影响引流效果，综合引流量为 1 ~ 200 人/小时。

小时榜：跟其他直播平台一样，抖音直播也有小时榜排名，根据不同时间段上榜，引流效果大有不同。长时间停留在小时榜，会大大增加主播曝光度。综合引流量为 10 ~ 5 000+ 人/小时。

（2）站外引流推广。

①社交平台引流推广。

在小红书、微博、视频号、B 站等社交平台进行人物 IP 的打造，塑造人物特点、性格，并结合当下热点进行宣传，会更容易被粉丝记住和传播。针对直播活动，例如可以在微博上发布图文信息，告诉粉丝直播开播时间、主题等，并放出诱饵，吸引更多的观众进入直播间。还可以通过各种奖励方式，例如转发、评论赠送礼品等，通过粉丝之间的裂变宣传推广直播间。还可以在微信朋友圈发布直播二维码，邀请朋友们进入直播间。

②主流媒体引流推广。

在百度、知乎、今日头条等主流媒体，以新闻稿、采访等第三方形式对人物 IP 进行塑造，让大家对人物形象产生兴趣，从而关注直播间。

项目六 推广直播活动

③与 KOL 合作引流推广。

KOL 自带流量，与其合作对直播电商活动进行推广可以起到事半功倍的效果，但费用较高。

④垂直论坛引流推广。

与互联网上用户聚集的垂直论坛合作，对直播活动进行宣传推广，可以吸引有效的粉丝进入直播间。如母婴类的妈妈网、宝宝树等，餐饮类的下厨房、中华美食网等。

站外引流推广如表 6-1-2 所示。

表 6-1-2　站外引流推广

站外推广渠道	典型代表	作用
社交平台	小红书、微信群、微博、视频号、QQ 群	人物 IP 打造、直播间宣传
主流媒体	百度、知乎、今日头条	人物 IP 打造、直播间宣传
KOL	达人、大 V	直播间宣传、预热
垂直论坛	各行业垂直论坛，妈妈网、下厨房等	直播间宣传、预热

知识拓展

转型电商赛道，打造另一个千亿级市场

位于市区的服装城曾是常熟最繁华的地段，近年来很多人感觉这一带不像以前那样热闹了。服装城沉寂了吗？"当然不是，2022 年，常熟服装城完成市场交易额超 1 421 亿元，同时，另一个千亿级市场也在迅速崛起。"常熟电子商务协会秘书长说。

如今在常熟，一个规模庞大的服装"线上市场"正在"云端"登场。2022 年，常熟服装线上交易额超千亿元。

"姐妹们，这件防晒服是今年最新款，面料加入了很多科技元素，可有效阻隔紫外线，穿着特别凉爽……"走进服装城综合市场的玖号源点数字时尚基地，一个个直播间热闹不已。直播间外，仓库管理员推着小车在基地穿梭，将一件件衣服扫码打包，再发往各地。为了顺应电商时代的个性化、精准化需求，很多工厂都具备了小单快返的能力，他们与本地十几家服装厂建立合作关系，可以根据网店预售情况，与工厂协同联动、迅速反应。

常熟服装城综合市场曾是一座建筑面积近 6 万平方米的五金大市场，如今成为数

字直播基地。几年来，集聚了近百家商户、机构和企业，涵盖抖音、淘宝、拼多多、快手等平台。从传统服装批发市场到全国直播电商高地，截至2022年年底，常熟服装城销售额破亿元的直播商户有25家，超过2 000万元的有235家。在常熟，直播业态与市场、品牌、物流、人才、供应链、传统电商等正在全面融合。

节选自《人民日报》要闻版（2023年6月8日）

启示：

2022年国民经济被笼罩在疫情之下。如何在受疫情影响、全国服装市场整体形势严峻的大环境下实现逆势上扬？常熟服装城给出了答案——通过紧跟行业发展趋势，积极整合优势资源，不断探索合作模式，创新载体建设等一系列举措，大力推动"直播+"升级到"+直播"。

中山沙溪：抢抓直播电商发展风口　助力服装产业转型

项目六 推广直播活动

知识单元二　图文与短视频推广

知识探究

为了直播间的人气和流量，需要准备直播预告海报和短视频推广。该如何设计出符合主题的直播预告海报呢？直播短视频的制作过程又是怎样的呢？

知识学习

1. 图文推广

在直播开播之前，发布推广图文，在各大平台提前预告直播信息，最能吸引人注意的就是直播海报预告图片。图文推广主题海报创作的流程如下：

（1）确定目标受众和主题。

首先要明确产品的目标受众是谁，他们的兴趣和需求是什么。然后确定直播的主题，确保与目标受众的兴趣相关。比如设计任务是某服装公司品牌直播推广，该品牌的定位是 18 岁到 38 岁的年轻女性消费者，那么就可以确定，目标人群是这个年龄段的女性，主体是服装销售。后面所有文字设计和版式设计都需要围绕目标人群的兴趣点和审美展开。

（2）收集海报素材和信息。

收集与直播主题相关的素材和信息，包括图片、文字、标语等。充分研究产品，精心挑选几款主推的产品图片，根据产品的品类展现出产品的外观、特质。例如服装产品的展示，服装模特妆容要符合服装的风格展现气质，服装搭配要凸显出款式的时尚、百搭、显身材等卖点，把图片拍得极具美感、赏心悦目，这样更能够吸引目标受众的注意力。

（3）确定海报布局和设计风格。

海报布局需重点突出。在海报中确定一个主要的焦点元素，通过元素的大小、形状、颜色等对比关系来增加画面的吸引力和表现力，当海报中出现模特图片时，视觉焦点会在人物身上，因而背景的设计会比较简约，起到烘托氛围和补充画面元素的作用；在没有明星主播的直播间，能够吸引观众就是优质的选品。当直播间有明确的带货主题时，预告海报的设计应当适当呈现主题产品，这样不仅可以丰富画面，还能通过选品来吸引更多观众。直播海报中的产品图有两种设计形式：一是堆品，适合品类主题的直播；二是单个产品，适合有明星做客的直播。

海报的设计风格有很多种，常见的有以下几种：

①极简主义：以简洁、干净的设计风格为主，注重排版和色彩的简洁性，通常使用少量的元素和大面积的留白。极简风格海报如图6-2-1所示。

图6-2-1　极简风格海报

②手绘风格：模仿手绘的效果，注重线条的流畅和色彩的渐变，给人一种温暖、亲切的感觉。

③拼贴风格：将不同的素材、图片、文字等拼贴在一起，形成有趣、丰富的视觉效果。拼贴风格海报如图6-2-2所示。

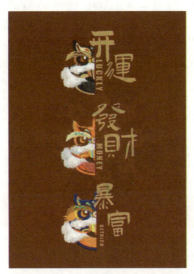

图 6-2-2　拼贴风格海报

④平面设计风格：强调简单、直观、现代的设计风格，去除过多的阴影和纹理。以平面化的表现方式为主，注重几何形状、鲜明的色彩和简洁的排版。

海报设计风格类型多种多样，不限于以上四种，设计的时候可以不拘泥于任何一种形式大胆创新，根据主题需要，使用符合主题的风格，凸显设计品位。

（4）选择合适的配色方案。

根据直播主题和设计风格，选择合适的配色方案。配色要与直播内容相呼应，同时要注意色彩的搭配和对比，以确保海报的视觉效果。例如新春主题的海报，可以用红色、橙色的颜色配色，体现出热闹、喜庆的氛围感。

（5）添加文字和标语。

根据直播主题和目标受众的需求，添加适当的文字和标语，版式布局合理，突出大标题，所有需要传达的信息要标明，文字要简洁明了，能够吸引目标受众的注意力，并传达直播的核心信息和价值。

（6）调整和优化设计。

完成初步设计后，进行调整和优化。检查海报的整体效果和细节，确保布局合理、文字清晰、图片清晰等。

（7）输出和发布海报。

完成最终的设计后，将海报输出为适当的格式，如 JPEG 或 PNG。然后将海报发布到适当的渠道，如社交媒体、网站等，以吸引目标受众的注意和参与。

2. 短视频推广

（1）短视频创作类型。

短视频创作主体的内容类型主要有以下几种：情感类、趣味类、实用类、品质类。具体如表6-2-1所示。

表6-2-1 短视频主题类型

短视频内容类型	具体方式	电商直播推广作用
情感类	爱情、感情、亲情、励志、生活、工作	工作、生活中软文植入种草
趣味类	好看的事情、恶搞的事情、搞笑的事情乃至情景小剧	从欢笑中植入品牌或产品
实用类	教程、技巧、指南、生活贴士、知识	从学习中植入品牌或产品
品质类	美好生活、正能量、人物故事	从品质类的生活植入品牌或产品

（2）优质电商短视频主题类型。

电商直播的运营就是要做好账号短视频的基础推广。电商直播带货同时，需要在开播前后，创建一些优质的短视频内容引流。一般来说，优质的电商短视频主题类型可以归纳为以下几种：

①横向测评商品类短视频。

主要是通过多款商品做横向测评，帮助消费者快速地多角度地了解商品，可以对不同的商品、同类商品、相同店铺不同商品进行比较，也可以用拆箱做购买测评视频。

②制作过程展示类短视频。

这类视频一般都是做还原商品生产地、商品生产材料或者生产过程，例如可以拍摄食品加工厂、衣物生产车间等原产地，或者是真实记录工厂生产的流水线等。

③商品深度讲解类短视频。

主要是对商品价格、材料等详细信息进行多维度的专业讲解，分享个人使用感受，或者详细介绍商品以及品牌背后的故事，例如大家电的商品，可以多点介绍商品的使用方法以及销售的数据等。

④商品使用攻略类短视频。

主要是通过介绍商品的购买攻略，使用技能，手把手教消费者如何正确使用商品的教程类视频。例如教儿童手工的技能，销售手工原材料类的商品的短视频；还有比较常见的，教人穿搭卖衣服的商品类型。这种也是软植入的一种推广，为直播电商奠定了很好的基础。

⑤多元场景展示类短视频。

通过在视频里植入多元化场景，丰富商品的展示方式，例如家庭场景的商品使用，或者是剧情里植入搞笑反转的剧情故事以及高质感的电影场景使用的电商商品。

（3）短视频脚本撰写流程。

短视频脚本是一种用于指导拍摄和制作短视频的文档。它包含了视频的故事情节、场景描述、角色对话和动作等内容。先有思路，再进行实操，这是短视频内容运营的基本思路。编写短视频脚本，要注意语言简洁明了、有趣且易于理解，编写步骤如下：

①确定视频主题和目标：首先确定你想要制作的视频的主题和目标，明确你想要传达的信息或故事。

②创作故事情节：根据主题和目标，构思一个简洁有趣的故事情节，包括起承转合和高潮部分。

③描述场景和角色：为每个场景和角色写下详细的描述，包括地点、时间、角色特征等。

④编写对话和动作：为每个角色编写对话和动作，确保它们与故事情节和角色特征相吻合。

（4）制作分镜脚本。

分镜脚本则是在视频脚本基础上更加详细和具体的脚本形式。它将每一个镜头都进行了详细的描述，让脚本里的每一段文字都有了具体的画面感，主要用于指导镜头的拍摄与剪辑，帮助导演和摄影师准确地捕捉到片段的画面效果和情绪表达。

写分镜时，注意在视频脚本的基础上，明确每个镜头的内容和顺序。每个镜头描述包括景别、拍摄机位、运镜方法和画面内容、演员动作等信息。可以使用文字描述、图示的形式来表达。镜头之间的切换应该流畅自然，遵循叙事逻辑，并确保画面过渡的连贯性。短视频分镜脚本模板如表6-2-2所示。

表 6-2-2　短视频分镜脚本模板

_____视频脚本

拍摄主题：　　　　　　　　　　　　　　　拍摄日期：　　年　　月　　日

可用素材	序号	镜号	景别	机位	运镜	拍摄技巧	画面内容	演员动作	字幕	时长	备注
	1										
	2										
	3										
	4										

（5）短视频拍摄。

第一步：拍摄前期准备。

有了分镜脚本之后，可以进入拍摄阶段。根据脚本确定拍摄地点、角色和道具等要素。准备好所需的设备，如摄像机、话筒、灯光设备等，并安排好拍摄场地和人员。

第二步：拍摄。

按照剧本或大纲的要求，进行实际的拍摄工作。在拍摄过程中，需要注意摄像机的稳定性、画面的构图和曝光、声音的采集质量等因素，使用三脚架稳定手机或者摄像机设备，在拍摄的过程中注意曝光和对焦，确保画面亮度合适且清晰锐利。如需要拍摄时录音，要注意保持拍摄环境安静，没有多余杂音，必要时可以使用专业收音设备以达到良好的声音采集效果。合理安排画面中的元素，通过调整和选择拍摄角度、镜头运动和位置等来营造出视觉上的美感和效果（图 6-2-3）。

图 6-2-3　专业的拍摄场景

在拍摄过程中运镜的镜头主要有以下 8 种：

①推镜头。

推镜头主要是利用摄像机前移或者变焦来完成，逐渐靠近要拍摄的对象，它可以表现被拍摄的对象从远到近的变化，也可以体现一个对象到另一个对象的变化。推镜头主要是能突出拍摄的对象的某个部位，从而更清楚地看到细节的变化。

②移镜头。

移镜头也可以成为移动拍摄，将摄像机固定在移动的物体上，作各个方向移动来拍摄不动的物体，使不动的物体产生运动效果。拍摄时将拍摄画面逐步呈现，形成巡视或展示的视觉效果，可以表现出逐渐认识的效果，并能使主题逐渐明了。

③跟镜头。

跟镜头也叫跟拍，在拍摄的过程中选择要跟的对象，然后跟随目标进行拍摄，跟镜头一般要保持表现的对象在画面的位置不变，只是跟随其所走过的画面有所变化。周围的事物在变化，对象没有变化。跟镜头可以很好地表现出主体，表现出主体的运动速度、方向及体态等信息，给人一种身临其境的感觉。

④摇镜头。

摇镜头也称为摇拍，在拍摄时相机不动，只摇动镜头做左右、上下、移动或旋转等。使人感觉从对象的一个部位到另外一个部位逐渐观看，例如平时遇到的环视四周。在拍摄时可以保持不动，利用稳定器拨盘控制镜头，主要用来表现事物的逐渐呈现，一个又一个的画面从渐入镜头到渐出镜头来完成整个事物的发展。

⑤旋转镜头。

旋转镜头是指被拍对象呈现旋转效果的画面，摄像机快速做超过 360 度的旋转拍摄。

⑥拉镜头。

拉镜头与推镜头正好相反，它主要是利用摄像机后移或者变焦来完成，远距离观看某个事物的整体效果，可以表现同一个对象从近到远的变化。主要突出要拍摄对象与整体的效果。

⑦甩镜头。

甩镜头是快速地将镜头摇动，极快地转移到另一个景物，从而将画面切换到另一个内容，而中间的过程则产生模糊一片的效果，可以凸显内容的突然过渡。

⑧晃镜头。

晃镜头的应用相对于上面的镜头方式应用会少一些，它主要运用在特定的环境中，让画面产生上下、左右或者前后等的摇摆效果，主要用于表现精神恍惚、乘车船只等摇晃效果，比如表现地震场景。

这些运镜技巧可以根据实际拍摄需求和创作目的进行选择和组合，以达到更好的表达效果和视觉呈现。

第三步：后期剪辑制作。

将拍摄到的素材导入剪辑软件中，后期编辑软件一般使用Adobe Premiere或者剪映，利用软件对拍摄的素材进行剪辑、调色、配乐、特效等处理。后期剪辑需要注意以下几点：

视频摄影八大基础运镜

①故事节奏：根据剧情的发展和情感的表达，合理安排素材的顺序和长度，控制整体剪辑的速度和节奏。

②镜头切换和过渡：使用合适的过渡效果（如淡入淡出、交叉融合等）和切换方式，使得画面之间的转场更加自然流畅。

③音频处理：合理调整音频的音量、音色和音效，确保声音的清晰度和整体音效的协调性。

④调色与修图：通过调整色彩、对比度、饱和度等参数，增强画面的艺术效果，使其更符合短视频的整体风格和主题。后期调色制作如图6-2-4所示。

图6-2-4　后期调色制作

⑤片尾和字幕：在视频的最后添加适当的片尾，可以包括制作团队信息、相关链接或

标语等。同时，根据需要添加字幕，提供必要的文字说明或补充信息。

知识拓展

短视频不是哈哈镜，更不能靠造假博眼球

编造不实信息，故意弄脏孩子的脸，在破旧房屋前摆拍……近日，一男子在网络发布所谓的"凉山儿童贫穷无助"视频，引发不少关注。后经当地多部门核实，该视频实为博主故意摆拍。目前，该男子已被依法传唤，要求其立即删除虚假不实视频，并公开道歉。

前有某团队为直播带货恶意摆拍、虚构贫困，后有自媒体博主为博眼球赚取流量炮制不实视频，一段时间以来，少数人为了流量不惜编造谣言、弄虚作假，把造假、卖惨当作"流量密码"，令人大跌眼镜。扶贫事业不容抹黑，公众爱心不容恶意消费，成长中的孩子更不能成为一些人蹭热度、博眼球的牟利工具。对此，平台当守土有责、守土尽责，加大对类似情形的审核力度，维护风清气正的网络空间。自媒体从业人员也当严守法律红线、道德底线。

选自《人民日报》时评（2021年10月24日）

启示：

短视频内容不断丰富，带动用户规模增长和黏性加强，成为移动互联网时长和流量增量的主要来源。"内容＋电商"的变现模式已深度影响用户消费习惯。短视频本身就是一种重要的营销渠道和商业载体，是电商运营的一种有效方式。但为求流量而无底线的短视频需"严打"，直播带货靠流量更要靠质量。

项目七 实施直播活动

项目引言

实施直播活动包括了预热开场、介绍产品、促单和收尾四个基本环节。一场直播要顺利的实施，除了做好前期工作，即撰写脚本、搭建场景、打造主播等，直播实施中如何准确提炼产品卖点、击中顾客的痛点、满足顾客的需求，如何用直播话术和营销策略提高直播的转化率，都是实施直播活动的关键。

项目目标

知识目标

1. 理解直播销售开场设计的目的，熟悉常见的直播开场形式。
2. 理解产品介绍的思路，了解不同产品的销售技巧。
3. 了解促单的目的以及方法。
4. 了解结束直播的思路，了解直播结尾的意义。

能力目标

1. 能够根据产品特点提炼卖点并进行产品介绍。
2. 应用促单技巧撰写促单话术。
3. 熟练应用结束直播的技巧。

素养目标

1. 培养学生诚信自律的职业规范意识。
2. 增强学生民族文化自信。

知识导图

知识单元一　预热开场

知识探究

直播间搭建结束后,直播实施活动就可以正式开始了。好的开始就是成功的一半,预热开场作为直播活动的第一步,做好开场就能有利于承接流量、做好直播数据。那么直播开场的设计要达到什么目标?又有哪些常见的开场形式和技巧呢?

知识学习

1. 直播开场设计的目的

直播开场是整场直播过程中重要的一环,一个好的开场是有利于承接极速流量的,只有把直播开场做好了,直播的数据才不会差。要想把直播开场做好,就要了解直播开场的目的,目标明确,才能事半功倍,如图 7-1-1 所示。

图 7-1-1　直播预热开场

（1）激发兴趣。

刚开播时，直播间的流量来源主要分为关注、推荐和平台泛流量三个方面。而主要能够留住的80%的用户都来自关注和推荐，这些用户都在一定程度上对产品内容感兴趣而进入直播间。所以在进行开场时，可以根据用户兴趣设计话题、福利留住用户，吸引用户一直观看直播。

（2）引导推荐。

由于前期宣传或平台流量带来的观众是有限的，一部分用户会因为产品解说或主播感染力等原因离开直播间，而有一部分用户则会因为个人主观原因或网络速度等情况退出直播间。所以，在开场时需要积极、主动地引导用户邀请朋友进入直播间，形成裂变，促进直播间持续火爆。

（3）带入场景。

由于观众标签的不同、直播产品和内容的不同，需要直播销售员利用开场，第一时间将不同环境下的观众带入直播所需的场景。

（4）渗透目的。

直播销售是营销活动的一种形式，为达成相应的营销目的，所以在开场时需要进行营销目的渗透。通过产品宣传口号、企业品牌、产品的优惠信息等，将营销信息植入直播过程。

此外，在直播开场时，可以建立人气模型，即让用户在直播间与主播进行互动，产生联系，从而提升停留时长，提升直播间的流量。

2. 直播开场的形式。

常见的直播开场形式有以下几种：

（1）主题开场。

在直播开场时，可以直接告诉用户直播有关信息。这些信息就包括主播自我介绍、本场直播主题介绍、直播产品目录介绍、本场直播流程等。同时，还可以提前预告本场直播的抽奖、彩蛋、福利等环节，促进用户的留存率。

话术举例：

福利预告：大家好，欢迎来到我的直播间。这里是×××旗舰店，我是主播××。本场直播，会由主播不定时为大家发放福利，不仅有满减福利，还有大额优惠券发放哦。进入直播间的宝子们，一定要点好关注，蹲好直播间哦。

直播内容预告：本场直播，主播为大家精心挑选了30款产品，不但有新款休闲小零食，还有返场爆款，都是主播的私藏好货，今天都会分享给大家。

（2）提问开场。

以提问的方式进行开场，不但能够引导用户主动思考与直播产品有关的问题；同时，主播也可以通过开场提问与用户进行有效互动，更快地了解本场观众的购买需求和心理变化，让主播更容易触达用户的痛点。

话术举例：

直播间的女生们，有没有像主播一样，有胯宽、胯大身材的？你们是不是也会发愁在什么场合穿什么样的衣服，经常纠结参加聚会挑选什么衣服最适合自己？

（3）数据开场。

使用数据开场，是对直播产品强有力的背书。直播团队提前将产品的销售数据、上一场的爆款数据等关键数据提炼出来，在开场时展示给用户，能够有效提升用户的购买信心。专业性较强的直播可以充分利用数据开场，第一时间令用户信服。

（4）故事开场。

故事开场是一种能够将用户带入直播场景的很好的方式。故事呈现的内容可以是地方特色、古人故事，又或者主播身边的故事或所见所闻，这些都可以引起用户的共鸣或兴趣。一个好的开场故事，就能够更好地开展接下来的环节。

话术举例：

某音平台某直播间的主播在进行一场浙江专场直播时的开场：如果说一人说一句浙江，你们会说什么？你会说，欲把西湖比西子，淡妆浓抹总相宜。欧阳修会说："轻舟短棹西湖好，绿水逶迤，芳草长堤，隐隐笙歌处处随。"杨万里会说："小荷才露尖尖角，早有蜻蜓立上头。"柳永会说："东南形胜，三吴都会，钱塘自古繁华。"林升会说："山外青山楼外楼，西湖歌舞几时休？"张若虚会说："春江潮水连海平，海上明月共潮生。"

项目七　实施直播活动

（5）道具开场。

道具开场包括企业产品、团队吉祥物、卡通人物、场景道具等。主要是根据直播的内容制定场景的道具。如知识分享，可以利用书展作为直播场景，将书籍作为场景的道具。又比如特产带货直播，可以借助制作工艺道具进行现场制作展示。

（6）热点开场。

利用热点进行开场，是拉近与用户心理距离的方法之一。在直播间利用热点进行互动，会让用户更有参与感。

话术举例：

近期大家是否经常听到早C晚A的说法？有听说的姐妹们在公屏上打"有"。其实这类产品早就出现在市场上了，但为什么今年突然大火了呢？有些姐妹因为早C晚A，疯狂刷酸，但也因为特殊护理导致姐妹们的肌肤越来越不耐受，肌肤屏障受损。那怎么样才能正确选择适合咱们自己的早C晚A产品呢？

3. 直播开场的技巧

直播开场的核心流量是自然推荐流量。进入直播间的用户并不一定有购买的需求，又或者有潜在需求。他们可能是因为在短视频中被种草，然后进入直播间拔草，这时的用户才会产生真正的购买需求。所以在开场时，需要跟用户进行互动，与用户建立联系，激发他们的需求。那么在开场时，可以有什么样的技巧进行直播呢？下面介绍两种组合方法。

（1）直抛福利 + 简塑价值 + 穿插互动。

首先，在开场时可以抛出本场直播的福利品，让用户产生有利的感觉，从而增加用户停留在直播间的时长。当用户留在直播间不离开时，平台就会推荐新的用户进来，此时直播间的在线人数就会变高。

其次，为了增加用户的信任感，需要对福利品进行简单的价值塑造，让用户对直播间的产品有信心。

最后，为了提升直播间的人气数据，让用户能够持续的关注直播间，还需进行与用户之间的互动，建立连接。可以是点对面的互动，也可以是点对点的互动。开场时，直播间的人较少，可以进行点对点的互动，让用户有万人瞩目的感觉，一定程度上增强粉丝的黏性。

在开场时，通过直接抛出福利的方式，结合价值塑造和用户互动，能够较好地拉高用户在直播间的停留时间，从而促进成交密度，做到真正触达用户的需求。

（2）福利内容＋福利原因＋定点互动。

首先，在直播开场时进行适当的福利诱惑，告诉用户本次直播的福利内容，福利可以包括抽奖、秒杀、折扣、优先发货等。

其次，要告诉用户进行福利活动的原因。因为大部分用户在看到直播间做福利活动的时候，会产生"天上不会掉馅饼"的想法或疑惑，所以要告知用户为什么做这个福利活动及为什么是这些福利内容。这样就能有效减少用户在直播间的负面评论及用户粉转黑的可能性。同时，增加了福利的可信度，也就能增加用户的转化率。

最后，在进行福利活动的过程中，要与用户进行定点互动。因为此时进行定点互动，会让用户有互利互惠的感觉。作为主播，要始终站在用户的角度想，为什么用户一定要按照主播的要求进行互动呢？所以，在互动的时候，主播可以告诉用户，用户根据主播的要求完成指令动作可以获得什么样的福利，但也要注意不要使用违规用词。

通过在开场时讲述福利内容和福利原因，给用户合理的理由，让用户接受福利活动，才能让用户不容易脱粉，并能持续留在直播间。

开场话术技巧的应用

知识拓展

让非遗"破圈"｜"00后"稀有剧种演员在互联网上搭起"新戏台"

新华社西安 7 月 25 日电 一位清秀美丽的姑娘做着戏曲动作，在音乐中变身穿着戏服、英姿飒爽的刀马旦。这段短短 14 秒的视频，为陕西地方剧种"汉调桄桄"青年演员李雅芝收获了百万观看量和数万点赞量，也让很多人第一次知道了这一国家级非遗戏种。

因为有着从心底的热爱，李雅芝不仅想学好戏、演好戏，更希望更多人能感受到这门古老戏曲艺术的魅力。她工作的陕西省汉中市南郑区汉调桄桄传承发展中心是全国"汉调桄桄"唯一专业演出团体，50 多名平均年龄 20 岁的青年人在老艺人的带领下，肩负起保护、传承、发展"汉调桄桄"的职责。

项目七 实施直播活动

在文化惠民演出和"戏曲进校园"活动中，李雅芝发现，许多人特别是年轻人并非不喜欢戏曲，而是不了解，这给了她传播戏曲之美的信心。2022年，李雅芝无意间在短视频平台上看到了山东吕剧的直播，打开了思路："吕剧也是地方剧种，一场直播就有2 000多名观众观看，那我是不是也可以试试？"

从十多秒的短视频到一个多小时的直播，从"炫技"到戏曲唱段和文化科普，从第一次直播找亲戚朋友"带气氛"到收获8 000多名粉丝……回顾自己一年多的"戏曲主播"经历，李雅芝说网友给了她很多"惊喜"，"一开始我以为网友们更喜欢的是戏曲技巧、身段，想以'炫技'引起关注，后来有网友提出想听唱段、想深入了解'汉调桄桄'，再到后来我和粉丝们开始讨论戏曲知识。"在网友的鼓励下，她在网上搭建的戏曲新"舞台"不断扩展。

选自《新华社》(2023年07月27日版)

启示：

党的二十大报告提出："推进文化自信自强，铸就社会主义文化新辉煌。"近年来，传统文化通过直播、短视频开始"出圈"，越来越多的年轻人通过直播感受中华民族的文化。戏曲、剪纸、绒花等非遗文化也开启了直播，通过网络直播的方式传播中华传统文化的独特魅力。中华文化博大精深，需要更多的传播和传承者，广大青年们更应勇担利用新媒体平台将宝贵的文化进行传承、践行推动文化自信的责任。

知识单元二　介绍产品

知识探究

产品介绍是直播实施的重要环节，这个环节能够让消费者清晰地了解产品，增加对产品的信任度，同时也能够加强企业品牌宣传。那么直播团队将如何准确提炼产品的卖点？有没有提炼卖点的方法呢？如何巧妙地介绍和销售产品呢？

知识学习

1. 产品卖点

（1）什么是卖点？

卖点是指产品满足目标用户的需求点，它具有差异化和优势两个特征。需要注意的是，产品的卖点并不是独立存在的，它需要依托使用的场景和用户的需求。

（2）如何找卖点？

方式一：通过收集产品的价值、外在和附加值来找到产品的特征，如表7-2-1所示。

表 7-2-1　产品特征收集

属性	特征内容
产品的价值	产品的品质、价值、产地、风格、工艺、技术创新、功能、成分等（将产品拆分得越细越好）
产品的外在	产品的包装、重量、视觉、味觉、口感、外观设计等
产品的附加值	产品历史、生产故事、所获荣誉、名人代言等

项目七　实施直播活动

方法二：用5W1H分析和检验卖点的问题清单（图7-2-1）。

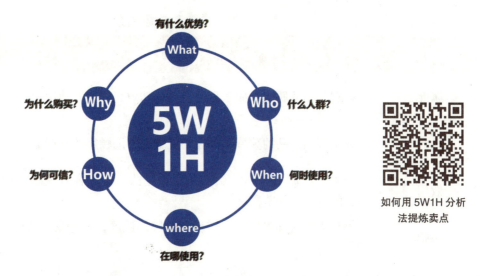

图7-2-1　5W1H分析法

方法三：根据FAB法则找出利益点（图7-2-2），具体案例如表7-2-2所示。

图7-2-2　FAB法则

表7-2-2　FAB卖点提炼

FAB	F（Feature）	A（Advantage）	B（Benefit）
顾客角度	是什么？	能干什么？	有什么好处？
案例一：某品牌胶囊雨伞	能抗风、防水性好、防晒指数高	小巧轻便，比手机还轻	能随身携带，不占空间
	话术提炼：宝子们，这款胶囊雨伞采用了××材质制作，具备××等级的抗风、防水和防晒等级。不仅小巧，还轻便，重量比手机还轻。随身或放包里携带都没问题，一点都不占空间		
案例二：某品牌补水面膜	烟酰胺成分，注入植物精华	快速补水保湿	拯救沙漠肌
	话术提炼：这款补水面膜采用了精研的烟酰胺成分，同时注入了植物精华，能够快速补水保湿，迅速解决干燥问题，让肌肤喝饱水，拯救沙漠肌，让你的肌肤有光泽、更加自信		

95

（3）提炼卖点的技巧，如表 7-2-3 所示。

表 7-2-3 卖点提炼技巧

技巧点	具体内容
属性	挖掘产品的属性，如产品的材质、功效、用途和使用感受等进行推销
优势	强调推销产品的独特、个性的优势，帮助顾客建立产品的差异化意识
效用	突出产品的功效和优点，强调专业性，让顾客直观感受产品为他们带来的好处，激发顾客的购买欲
品牌	提升品牌的知名度、美誉度和品牌忠诚度，营造高品质的品牌形象，增加顾客的信任感
价值	利用产品的社会价值，如环保、公益、慈善等，让顾客觉得购买产品具有一定的价值和意义
成本	突出产品价格和使用价值的比重，让顾客觉得物超所值，达到实惠的效果

2. 介绍产品的思路

在介绍产品的时候需要有逻辑、有重点地进行讲解。顾客在直播间停留的时间是有限的，如果主播在介绍产品的时候东讲一句、西讲一句，就会让顾客听不清楚，直播间的流量就会流失。所以，在介绍产品的时候，一定要有逻辑、有思路。

（1）场景。

在介绍产品时，需要为顾客创造需求，也就是将产品场景化。主播在介绍产品的时候，可以带入产品使用的画面。如果无法把顾客带到产品生活化的场景中，也就没办法让顾客产生与产品的链接感，这时顾客也就不会有购买的需求。

话术举例：

女生们，天气越来越冷，冬天快到了，你的衣柜里是不是要有羽绒服。主播有过这样的经历，一件不好的羽绒服，不但厚而且不防雨。冬天一旦下点小雨，雨水都会容易渗进衣服里，衣服不但不保暖还冷。尤其是冬天晚上，风一吹，就更冷了。

（2）卖点。

在讲述产品卖点的时候，不但需要清楚知道产品的卖点，还需将卖点分不同结构进行讲解，通过卖点找到用户的痛点。不同的产品在讲解卖点时先后的顺序是不一样的，新手主播可以按照产品从外到里、从上到下的框架进行讲解。

话术举例：

女生们，我手上的这支润唇膏，外壳通体都是小牛皮的，满满的高级复古感。打开盖子，就能立刻闻到一股淡淡的茉莉花味，不会呛鼻。这款唇膏是按压式的，用多少取多少，膏体上唇，很润，不黏嘴。

（3）痛点。

在梳理清楚卖点后，通过卖点找到痛点，并进行放大，从而让顾客和主播产生共情，激发购买欲望。

话术举例：

夏天防晒真的很重要。不做好防晒，不但容易变黑，更重要的是老得快。紫外线的穿透力很强，可以直到皮肤的真皮层，不但破坏弹性纤维，还加速了皮肤的老化，催生色斑。这里有一张我们后台小姐姐之前不涂防晒的照片，血淋淋的教训。

（4）价值。

塑造价值的核心就是让顾客能够感觉到所购买的产品价值是大于产品本身价格的，让顾客有物超所值的感觉。价值塑造的方法有很多，如表7-2-4所示。

表7-2-4　价值塑造

塑造方法	内容
价格对比	采用同渠道的价格进行对比，如"我家与别家"；不同渠道价格对比，如"某猫、线下、柜子等"
材质对比	可以从做工、工艺、成分等方面进行对比
服务对比	从服务体验上进行对比，如"专属客服、运费险、试用等"
成本对比	在用料成本、人力成本、设计成本、运输成本等方面进行对比
背书对比	用权威机构背书、明星背书等方式继续对比

3. 几类产品销售技巧

（1）食品类产品介绍技巧。

第一，可以从制作方面入手。如月饼，顾客都十分注重食品安全、月饼的营养。所以在介绍时要体现干净、卫生的制作过程。

话术举例：我们家的月饼有3道的检验工序，采用了牛乳制作饼皮，内陷有莲蓉、豆沙、水果等多种口味，新鲜出炉后直接存放在零下18摄氏度进行保鲜冷藏，并采用冷链配送，保证宝贝们拿到的品质和口感都是最佳的。

第二，注重产品的细节。如月饼怎么去展示细节呢？可以在直播现场拆开包装进行现场试吃，展示制作的材料，也可以利用制作车间展示现场制作、烘烤和打包的环节。

第三，进行竞品的对比。我们可以从价格的优势上进行对比，又或者是产品、包装、功效方面。

话术举例：家人们，咱们家的月饼今天是100元的价格给大家20个再送2个，别人家可能都是两三百元一盒，也才10个。我们家线下门店是50年的老店，现在做线上也是为了交新朋友，今天给大家优惠，并且每份送定制的礼盒。

第四，信任背书。做好品牌的背书，能增加顾客的信任度，尤其是食品类的产品，还能提高回购率。可以从品牌成立的时间、产地、销量保证、官方资质等方面入手，打破顾客的顾虑，击破其心理防线。

（2）母婴类产品介绍技巧。

第一，先抛用户痛点。母婴类用品的目标群体多是妈妈们，所以在介绍产品时要针对妈妈们担心的问题。比如，很多新手妈妈不会选奶粉，担心奶粉的质量、担心奶源，所以在介绍产品时要营造场景。

话术举例：直播间里有没有新手妈妈，是不是有这样的苦恼？市面上有很多种类的奶粉，可是选择哪种才是最适合宝宝的？如果你不知道怎么选，主播今天来告诉你。

第二，提出解决问题的方案。无论遇到什么样的产品，一定要提前做好收集产品的功课。比如，什么是水解奶粉，为什么双优活蛋白能激发原生保护力等。只有详细了解产品，顾客才觉得你是专业的，对你产生信任，才会在你这里进行产品的购买。

第三，引导购买。在击中用户痛点，让用户产生信任感后，可以适时地介绍折扣。比如，领取优惠券、买二送一等，用活动力度刺激顾客购买。

项目七 实施直播活动

（3）洗护类产品介绍技巧。

第一，营造场景。要营造洗护产品使用的场景，先将问题抛给观众。

话术举例：直播间的女生们，是否有和主播一样的困扰。一到秋冬天，身体就会特别干燥，甚至还会起皮，常常会有"雪花飞舞"的场景。

第二，介绍产品卖点。在抛出问题后，可以引出解决的方案，即推荐产品。在进行产品展示的同时，介绍产品的成分、味道以及黑科技等。

第三，介绍用户评价和反馈。比如这款洗护产品在不同平台的使用反馈、评价等。

第四，介绍直播间的福利、优惠。如买200 mL送100 mL，到手价只需99元等。

在介绍产品时，都离不开场景、用户痛点、产品卖点、用户的评价、直播间的优惠等。无论是哪种产品，都需要在直播销售前充分收集产品信息，做好目标顾客调研，根据不同品类产品的特点灵活调整讲解环节。

知识拓展

直播带货不可"直播带祸"

"我爸说了，只要你娶了我，后面所有的船都是你的！""原产地的野生梭子蟹，价格便宜到让你怀疑人生！""1元，1元就1元，想要吗？想要来我直播间，1箱只赚你1元！"2022年8月，一名账号为"舟山野生梭子蟹（小某某）"的女主播在宣传兜售梭子蟹时，"雷人"语录层出不穷。9月下旬，这名女主播及其网络带货直播团队因为涉嫌虚假宣传被当地市场监管部门送达了处罚决定书，责令其停止发布违法广告，消除影响，并罚款4万元。经过教育后，这名女主播也意识到了自己的错误，表示悔改。

当下，消费者在购物时不只关注价格是否低廉，也会关注购物体验是否良好等。相对于常规营销手段而言，直播带货更直观、生动，也更具即时性和互动性，能带给用户全新的购物体验，因此颇受很多商家和消费者的欢迎，很多平台也纷纷对直播带货加码布局。而如火如荼的网络直播带货，也为许多质量有保证、服务有保障的产品打开了销路，对于促进消费、带动经济发展以及乡村振兴功不可没。

不过，从现实情况来看，由于一些直播平台在内容审核机制、监督管理上不够完善，让不少商家以及带货主播"直播带祸"，商品性能被夸大、价格不实、商品质量难保障、售后服务不到位等问题不时出现。特别是一些带货主播利用恶意砍价、吵架、辱骂、情色等手段诱导消费者购买商品，已明显超出必要限度，严重违背了社会公序良俗，有的甚至构成违法犯罪。

选自《法治日报》（2022年10月12日版）

启示：

党的二十大报告提出："建设具有强大凝聚力和引领力的社会主义意识形态。"互联网是意识形态的主要阵地，而直播电商是互联网的一部分。随着直播带货行业的蓬勃发展，出现了一些触碰法律红线的违法行为，这些行为也引发了消费者的信任危机。直播带货的发展根本在于诚信，合法的经营才是持续发展的正确途径。主播不但需要具备职业技能，更需要有职业道德，自觉遵守互联网公德和直播电商行业的法律法规，为消费者提供优质的服务信息和产品，在做好良好网络生态环境分享者和参与者的同时，更要做好良好网络生态环境的建设者。

项目七　实施直播活动

知识单元三　促单转化

知识探究

促单转化是直播间实现盈利的目标，在直播活动中，促单转化是整场直播的核心任务之一，那么直播团队需要怎么激发顾客潜在购物欲望？影响促单转化的因素有哪些？促单转化的方式方法有哪些？促单转化策略该如何实施？又有哪些常见的技巧？

知识学习

1. 促单的方法

促单的目的在于解决顾客的顾虑，激发顾客的潜在欲望，所以在进行促单转化的时候，要利用直播间氛围制造稀缺感，为顾客塑造一个理由，让顾客知道为什么此时要在直播进行购买。

（1）饥饿营销法。

在直播间中，我们经常会听到主播和助播之间的交流："库存还有多少件""最后多少件""这次只有500件给大家""链接只开1分钟，1分钟之后就下架"等语言。这些交流实际上是一种饥饿营销法的体现。这种营销手段通常采用限量的产品库存，限时秒杀的氛围，结合商家库存配合的上下架，人为地制造饥饿营销，以此刺激粉丝的冲动购买。可以通过以下方法引导转化：

第一种：限时抢购。在直播过程中设置限时抢购环节，让观众感受到商品的稀缺性和购买的紧迫性。可以设置倒计时、限量发售（图7-3-1）等手段，增加观众的购买意愿。

图 7-3-1　限量发售

第二种：预售定金。提前收取一定比例的定金，锁定消费者的购买意向。在直播过程中，可以适当降低定金比例，刺激消费者支付尾款。

第三种：赠品优惠。为购买者提供一定的赠品或者优惠券，增加购买的吸引力。可以在直播过程中展示赠品的使用效果，让观众感受到购买的价值。

收集对比资料的渠道

（2）价格对比法。

价格对比法又称为福利刺激，用于引导客户进行购买决策。这种方法主要是通过比较不同产品或服务的价格和福利，让客户更清楚地了解他们所购买的产品或服务的性价比，从而提高购买意愿。以下是一些具体的步骤：

第一，收集对比分析资料。

可从价格、质量、功能、福利方面进行比较，例如本款产品自身价格优势对比，用销售价格与历史低价进行对比；本款产品与其他品牌同规格产品优势对比；本款产品与不同规格产品优势对比；不同渠道本款产品的销售价格，如线上和线下优势。

第二，展示对比资料。

将上述的价格、福利、质量、功能等情况制作图片或者展示页面，告知粉丝本次直播的福利，如拍立减、送赠品等。以主播身份告诉分析怎样买最划算等。引导想要的粉

项目七　实施直播活动

丝在公屏上互动，营造很多人想要购买，并且价值远远大于价格等氛围。

第三，实现紧迫感，快速促单。

采取低价行动，如下单前多少名可获得对应产品或者免单等，让用户热情达到高潮，催促集中下单。

（3）购物期望对比法。

购物期望对比也叫服务刺激，旨在保障引导转化，通过对服务的保障和引导，促使潜在客户转化为实际客户的过程，让顾客觉得没有后顾之忧。以下提供几种方法：

第一，提供保障措施。告诉顾客我们产品什么保障服务。如顺丰明日达、质量保证、售后服务等。

第二，解决顾客问题。客户购买过程中，加强与客户的沟通和跟进，解答客户的疑问，解决客户的问题。这有助于提高客户满意度，促进转化。如，对于需要试穿试用的商品，主播可以在直播间内进行试穿试用，让观众看到实际效果，增加购买信心，或主播可以根据观众的需求和喜好，推荐合适的搭配方案，帮助观众更好地选择商品。

第三，提供客户评价和案例。可以引用评论区对产品的服务评价或成功案例，增加客户的信任。

2. 促单的技巧

（1）把控节奏。

直播节奏是让直播间的数据有规律的变化，把控好直播间的节奏才能够在促单环节有效促进转化。没有节奏的直播间就像没有节拍的音乐，听上去杂乱无章。如，有些主播在进行商品讲解时，在时长和顺序上没有主次之分；或者是商品的弹窗与主播的话术不匹配等。把控好直播间的节奏能让粉丝跟着主播的步调走，才能稳定并获取直播间的流量，完成促单转化。如表7-3-1所示为30分钟直播过程表。

表7-3-1　30分钟直播过程表

时间	方式	内容
0~5分钟	聚人	吸引眼球，引发观众好奇心
6~7分钟	留客	利用促销、福利与观众互动，留住观众

续表

时间	方式	内容
8～12分钟	锁客	描述产品卖点，分享使用体验，激发观众购买欲望
13～22分钟	说服	从产品价位、包装、促销等方面帮观众做购买选择
23～30分钟	促单、催单	通过宣布价格、强调促销政策，让观众感觉"物超所值"

（2）积极互动。

在直播销售的过程中，有效的互动能够帮助主播迅速与观众建立关系，并更好地达到销售的目的。在直播间进行互动的时候，要避免条件句和因果句，因为这会让观众产生被诱导的心理。我们可以尝试以下几种互动方式，如表7-3-2所示。

表7-3-2 直播间互动方式

互动方式	互动内容	话术举例
福利引导	以秒杀、抽奖、售后服务等方式与观众进行互动	今天主播给大家送福利了，大家用你们的发财小手点点关注，方便主播开播送福利，已拍的宝宝们点个关注、亮个灯牌，方便大家售后退换找到咱们家
优先展示	在介绍产品时，通过引导观众提出介绍要求，继而主播进行产品展示及介绍	家人们，这款笔袋，喜欢蓝色的扣蓝色，喜欢白色的在公屏上扣白色，主播看看哪种颜色扣得多，主播优先展示哪件
定点互动	在直播间里以一对一点名的方式进行互动	×××，你刚刚是不是拍下了我家的被子，后台帮我备注一下，咱们给这位宝宝加急发货
问答互动	通过问需求、产品知识点的方式进行互动	咱们直播间里有没有一到换季就出现皮肤干裂的宝宝，有的给主播在公屏上扣1

此外，互动的方式还有点赞互动、关注互动、转发互动等等。在直播间，主播还可以对不同等级的粉丝进行福利专享设置，增强粉丝的活跃性；也可以利用道具和粉丝进行互动游戏，提升直播间的氛围。

（3）巧设优惠。

直播间的福利优惠能够有效刺激顾客购买，在一定程度提升直播间的销量，有效提高转化率。直播间优惠设置形式如表7-3-3所示。

项目七 实施直播活动

表 7-3-3 直播间优惠设置形式

形式	具体方法	作用
满减优惠	设定一个购买金额门槛,当观众达到这个金额时可以享受到相应的优惠。例如,满100元减10元	鼓励观众增加购买量
会员专享优惠	为自己的直播间设置会员制度,会员可以享受到更多的优惠和服务	增加观众对直播间的忠诚度
组合优惠	将多件商品组合在一起销售,并提供一定的折扣	刺激观众购买更多的商品
限时抢购	在直播过程中,设定一个时间段内的商品价格为最低价,强调在这个时间内购买才能享受到这个优惠	吸引观众在短时间内下单购买
赠品优惠	在直播过程中赠送一些小礼品或者优惠券等,以吸引观众购买商品	提高观众的购买欲望

知识拓展

直播带货"新农人" 开启就业新引擎

如今有这样一群人,他们敢于跳入"农门",勇于网上"冲浪",将互联网直播带货的信息高速路通到水乡村落,曾经"待在闺中"的农副水产特色产品,搭上电商直播快车,走向全国,送到世界各地,老百姓切身得到了"互联网＋电商直播带货"的红利。

杨某,2008年他与妻子返乡创业创立品牌,主打"青泥巴莲藕"。青泥巴莲藕都是当天上午挖出来,用透气保鲜膜将带泥莲藕裹好后打包发货,大大延长莲藕的保鲜期。2019年,随着短视频、直播带货的兴起,杨某换上防水裤,背着背篓下池塘,妻子则坐着小船一路跟拍,举着自拍杆,用"当地普通话"讲解。采完莲蓬,他们又直播采摘菱角。冬天,杨某夫妇顶着寒风下到泥塘,向网友直播农民挖藕过程,并介绍挖藕技巧。在塘埂上,他们架起炉子,洗藕切藕,直播如何烹煮莲藕汤……"青泥巴莲藕"客户好评率越来越高,回头客越来越多,成为某宝知名品牌,年销售额600万元左右,杨某夫妇受邀成为央视节目的座上宾。

新农人,新势能。新乡村,新画卷。随着乡村振兴战略的实施、电商及数字农业的快速发展，直播带货新农人凭借敏锐的互联网思维和市场化眼光，探索农业新业态，为传统农业转型注入了新活力，成为引领农民、发展农村、托起农业的一支生力军和乡村振兴中的一道靓丽的新风景。

荆楚网（湖北日报网）（2023年05月30日版）

启示：

党的二十大报告提出："增强中华文明传播力影响力。坚守中华文化立场。……讲好中国故事、传播好中国声音，展现可信、可爱、可敬的中国形象。……推动中华文化更好走向世界。"直播带货过程中，主播通常会介绍产品背后的品牌故事和文化内涵，让消费者更深入地了解中国品牌。这有助于提升中国品牌的知名度和影响力，传播中国文化。通过直播带货，消费者可以实时了解和体验中国的各种产品和服务，如家电、服装、食品等。这有助于向世界展示中国制造业的实力和创新能力，提升中国在国际市场上的形象。

项目七 实施直播活动

知识单元四 结束直播

知识探究

直播结束前,可以对本次直播进行总结和收尾工作,这个环节不仅可以实现品牌宣传和销售转化,还能增加用户的留存和用户黏性,更好地提高直播质量和效果。那么直播结束需要拥有什么思路?又有哪些提高转换率和增加用户黏性的方法和技巧?

知识学习

如何创建粉丝群,如何维护粉丝群

1. 结束直播的思路

电商直播的目的不仅在于盈利,还在于实现品牌的宣传和销售转化。结束直播也是直播实施中重要的一个环节。主播可以通过创建粉丝群、发放福利等方式引来大量流量,引导用户加入社群或粉丝群,从而将新用户转化为老用户,又将老用户转化为忠实用户。

(1)流量引导。

在直播结束环节,是一个提高观众留存率的好机会。此时通过直播总结和回顾、邀请观众互动,引导流量进入销售平台、销售网店,不但可以增加客户留存率,还能提高品牌的曝光度,实现优化转化,如图7-4-1所示。

(2)转化引导。

长时间能留在直播间的观众都是对产品或者品牌主播

图7-4-1 直播结束前流量引导

107

感兴趣的，用直播催单流量引导可以将潜在客户转化为实际购买者。在下播前通过引导观众关注商品、领取优惠券、下单购买等操作，可以提高直播带货的效果，如图7-4-2所示。

图 7-4-2　直播结束前红包福利

（3）粉丝引导。

通过直播催单引导，分析直播数据了解观众的喜好和需求，从而优化直播内容，提高直播效果，利用互动、分享、增加直播间留存率，可以展示主播的亲和力和专业性，利用抽奖、优惠等邀请观众进群，由公共流量转到私域粉丝管理，逐渐将直播观众变为忠实粉丝。

2. 结束直播的技巧

（1）引导关注。

在直播下播环节，主播需要引导留存观众关注账号，获得新粉丝，增加下次播放的流量推广。主播可以在结束语中加入"粉丝抽奖、粉丝福利"等关键词吸引观众，也可以由后台配合弹出提醒，以此引导观众关注。

话术举例：主播还有10分钟就要下播了，非常感谢大家的陪伴，大家可以动动手指关注一下主播，主播最后给粉丝团的宝宝们抽一个奖，还没加关注的宝宝赶紧加关注，还有 1 分钟抽奖，凡是今天关注主播的，加入粉丝团后在公屏上扣 1，我们都会有粉丝福利哦。

（2）引导转发。

主播通过引导观众推送链接、分享二维码等，能在平台上获得更大的流量。

话术举例：家人们，点击一下右下角的转发按钮，将朋友拉入粉丝福利群，有机会抽取两人同行一人免单哦。

（3）强调售后。

主播在下播前积极地强调售后的服务，这样的做法不仅能够获得销售转化，同时还能对未购买的用户进行二次转化。

话术举例：抢到的宝子们在公屏上扣已拍，我们客服小助理将会把你的购买记录在后台登记哦。我们会优先发货，并且今天下单购买，还包来回邮费，送你免费试用 7 天。不喜欢、不好用，你都可以直接退回给主播，主播不收你一分钱，家人们放心购买。

（4）直播预告。

在下播前，主播可以对下一场直播活动进行预告。预告的直播内容可以有下一场直播的时间、直播的商品、直播间的福利活动等。通过预告下一场直播的内容，能够匹配到更精准的用户流量。

话术举例：家人们，我们今天的直播就要接近尾声了，今天抢不到的没有关系，明天主播会带着家人们心心念念呼声极高的产品返场，主播为粉丝们争取到的最大福利，明天一定要锁定主播的直播间，返场优惠数量有限，明天 8 点不见不散。

知识拓展

直播让非遗"活"在当下

《"十四五"非物质文化遗产保护规划》提出加大非遗传播普及力度，以适应媒体深度融合趋势，拓展非遗传播渠道，支持利用直播、短视频等新媒介全面深入参与非遗传播。某网公开数据显示，"00 后"爱看相声，"80 后"喜欢听古筝，"90 后""70 后""60 后"则对粤剧、豫剧、黄梅戏等非遗直播情有独钟。

目前，在国务院已公布的 1 557 个国家级非遗项目中，直播平台上的相关视频涵盖率已达 99.74%，相关视频播放总数超 3 726 亿，获赞总数超 94 亿，濒危非遗视频播放量同比增长 60%，每个省份的非遗内容都在抖音得到了不同程度的传播。

直播、短视频平台创作功能较为简便，创作者使用新媒介的门槛低，观看交流便捷，使其成为以非遗为代表的优秀传统文化的天然传播场，特别是其表现形式多样、视觉冲击力突出的特点，可以在很短的时间内就把非遗老手艺最美、最吸引人的一面展现出来。为助力更为优质的非遗内容传播，直播平台也不断加大对非遗内容的扶持力度，诸多非遗传承人及非遗工作者通过直播打赏等途径获得了多元化的收益。

只有通过跨媒介、融媒界的升维式发展，并与文化和旅游事业融为一体，以非遗为代表的优秀传统文化才有可能触达更为广泛的年龄群体、覆盖更为多元的文化圈层、获得更为广阔的文化空间。以非遗为代表的优秀传统文化正在通过直播、短视频等更为综合的媒介形态不断实现媒介升维，具有越来越大的文化势能。我们相信，直播这一"第二舞台"势必还将奏响更为朝气蓬勃、华丽多彩的新时代文化乐章，以非遗为代表的优秀传统文化也一定会迎来新一轮的更好的创造性转化、创新性发展。

选自《群言》2023 年第 5 期

启示：

随着互联网的发展，直播已经成为一种重要的传播方式。非遗项目可以通过直播的形式，让更多的人了解和欣赏到传统文化遗产的魅力，且直播可以让非遗传承人与观众建立更紧密的联系，让传统技艺得到更好的传承。党的二十大报告提出："繁荣发展文化事业和文化产业。坚持以人民为中心的创作导向，推出更多增强人民精神力量的优秀作品……健全现代公共文化服务体系……实施重大文化产业项目带动战略。"用直播助推优秀的传统文化是一条有效途径，电商人需要肩负起讲好中国故事、传播好中国声音的责任，将中国形象推向世界。

项目八 复盘直播活动

项目引言

复盘直播活动是直播团队进行直播运营管理必不可少的环节，复盘有助于直播团队发现直播中存在的问题和不足，总结反思进行改进和优化；复盘有助于直播团队更深入地了解观众的行为和需求，从而有针对性地调整直播内容和策略；复盘有助于直播效果进行量化的评估，预测直播发展的趋势和方向，从而进行战略调整和布局。因此，通过回顾、分析直播过程，发现并改进问题，提升直播质量和效果，是直播团队持续优化和提升的重要手段。

项目目标

知识目标

1. 了解核心数据查看入口，认识核心指标 GMV 和五维四率的准确含义。
2. 理解直播间顾客购买路径，理解核心指标五维四率背后的顾客行为和需求。

能力目标

1. 学会查看核心数据，并对直播数据进行合理分析。
2. 能根据分析数据结果判断直播存在的问题，提出恰当的优化建议。

素养目标

1. 通过直面数据和分析问题，培养不偏不倚的开放心态和客观平和的学习态度。
2. 分析问题数据背后的消费者行为，树立诚信经营和为顾客服务的意识。

知识导图

知识单元一　了解复盘知识

知识探究

直播后需要通过数据复盘了解直播总体效果,准确分析直播过程中的优点和不足。那直播账号应该关注哪些后台数据呢?如何查看这些数据?这些数据指标的意义又是什么呢?

知识学习

1. 观众购买路径

（1）点击进入直播间。

在直播活动中,观众可以通过免费流量和付费流量两种方式进入直播间。免费流量主要包括自然搜索引擎优化、社交媒体分享、口碑传播等,而付费流量则主要来自广告投放和推广等。

当观众通过任何一种方式进入直播间后,会产生一系列的数据,其中最重要的包括直播间点击率和平均停留时长。直播间点击率一般称为看播率,指的是直播间的点击次数占直播间的推荐数的比重大小,是反映直播间场景吸引力的重要参考指标之一。平均停留时长则是指观众进入直播间后的平均停留时间,它可以反映直播内容的质量和观众的满意度。

（2）直播互动展现。

当观众进入直播间后,主播和助播通过各种方式吸引顾客,包括展示商品的功能价

项目八 复盘直播活动

值、演示使用方法、强调活动优惠力度等。这些方式可以激发观众的兴趣和购买欲望，提高商品曝光率、互动率和转粉率等指标。

商品曝光率一般指的是直播间内商品的曝光人数与进入直播间的人数的比值大小。互动率则是指观众在直播中参与互动的数量与直播观众总人次的比率，包括评论、点赞、分享等，反映了观众的参与程度。转粉率则是观众通过直播关注主播的比率，反映了直播对观众的吸引力和影响力。

此外，主播和助播还会通过福袋抽奖送礼等方式来提高观众的停留时间，增加观众的参与度和互动。这些互动和展现方式能够提升观众的购买意愿和忠诚度，进一步促进直播的销售和推广效果。

（3）商品了解点击。

当观众对展示的商品产生兴趣时，他们会点击弹出的窗口进入商品详情页面进行深入的了解。商品点击率，通常指的是直播间内点击商品相关链接进入商品详情页的人数占商品曝光人数（直播间内看见过商品展示的人数）的比重大小。它反映了观众对商品的兴趣和购买意愿。

在商品详情页面，观众可以了解到更详细的商品信息，包括规格、价格、图片、评价等。他们可以在这里进行比较、筛选和决策，最终决定是否购买该商品。因此，商品详情页面的设计和呈现也非常重要，需要清晰、简洁、有吸引力，以吸引更多的观众转化为购买行为。

（4）下单购买转粉。

当观众进入商品详情页面了解后，有需要或喜欢的观众会点击付款购买，从而完成从浏览到购买的转化过程。点击转化率是指从点击购买付款页面的人数与进入商品详情页面的人数比率。

在商品详情页面中，直播团队可以通过优化设计、突出亮点、增加购买按钮等方式来提高点击转化率。同时，在付款页面中，需要提供清晰、安全的支付流程和方式，以增加观众的购买信任感和便利性。通过对点击转化率的分析和复盘，直播团队可以了解观众对不同商品的需求和购买意愿，优化商品详情页面的设计和展示方式，如图8-1-1所示。

图 8-1-1　直播间顾客购买行为路径

2. 数据查看入口

（1）抖音电商罗盘。

这是抖音电商官方推出的数据产品，帮助商家/达人/机构以数据引领生意增长，让生意增长有洞察方向，让生意经营可诊断、可优化；可以帮助直播前准备，调整内容/选品/运营策略；可以实现直播中监控，实时分析直播核心指标及流量/商品/人群情况；可以直播后复盘诊断，提供直播复盘、流量诊断及提升建议，如图 8-1-2 所示。

图 8-1-2　抖音电商罗盘数据大屏

（2）巨量百应。

巨量百应（Buyin巨量百应）是抖音电商旗下的内容营销综合服务平台。百应平台以直播、短视频等激发消费者购物需求的内容场景为核心，为生态伙伴提供人货撮合、直播中控、机构/基地经营等产品矩阵，打造兴趣电商领域前沿的产品解决方案。

（3）巨量千川。

巨量千川是巨量引擎旗下的电商广告平台，为商家和创作者们提供抖音电商一体化营销方案。巨量千川整合了DOU+、鲁班、feed等多种电商广告能力，既能站外引流，又能内部导流。巨量千川是为了满足日益增加的电商类客户需求，把短视频带货和直播带货的推广方式整合到一起的一个电商推广后台。

（4）账号后台。

不同的直播平台，如淘宝直播、京东直播、抖音直播、拼多多直播、唯品会直播、微信直播等，登录其对应的账号后台，通常都可以找到"数据统计"或"直播数据"等相关选项，点击进入。在这个页面上，一般可以查看直播的观看人数、观看时长、点赞数等数据。

3. 五维四率定义

五维四率分析，也被称为直播间流量漏斗分析。"五维四率"模型是通过了解直播间关键数据对直播间开展流程和数据分析的方法论。通过对直播间关键数据的科学诊断，找到直播间的问题根源，快速做出反馈并进行优化。

① GMV：一定时间段内直播带货成交总额，实际指的是拍下订单金额，包含付款和未付款的部分。一般来说，直播间成交总额 = 直播间观看 × 商品点击率 × 商品转化率 × 客单价。

②五维：直播间曝光人数、直播间进入人数、商品曝光人数、商品点击人数、商品成交人数。

a. 直播间曝光人数是指看到直播间的用户数。

b. 直播间进入人数即累计观看人数（场观）。

c. 商品曝光人数是指通过多渠道曝光的商品被看到的用户数。

d. 商品点击人数是指商品曝光后被点击的用户数量。

e. 商品成交人数是指直播间下单且支付的用户数量。

③四率：直播间点击率、商品曝光率、商品点击率、点击支付率。

a. 直播间点击率 = 累计观看人数 / 曝光人数。

b. 商品曝光率 = 直播间商品曝光人数 / 累计观看人数。

c. 商品点击率 = 商品点击人数 / 商品曝光人数。

d. 点击支付率 = 成交人数 / 商品点击人数。

五维四率模型（直播间流量漏斗）如图 8-1-3 所示。

了解复盘知识

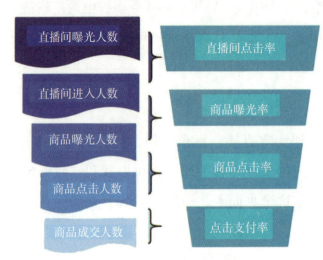

图 8-1-3　五维四率模型（直播间流量漏斗）

④数据诊断：GMV 是直播复盘中优先查看的数据。GMV 与五维四率中的每一个息息相关。要提高成交总额，必须敏锐察觉各个数据提升空间，拉动整体上升。其中，数据分类过程中，"五维四率"模型诊断法则是直播间成交链路数据的科学诊断。"五维四率"之间是彼此关联、相互影响的。其中"四率"中任何一个数值比较低时则会影响到"五维"中的人数，如果不及时调整，最终将影响整场直播间的目标达成。

知识拓展

湖北长阳：让绿色成为乡村振兴最浓底色

宜昌市长阳土家族自治县地处湖北省西南部山区、清江中下游。长阳县目前有户籍人口 38 万，土家族等少数民族占 65%。长阳自古就有"佷阳古地、夷水名疆"之称，拥有著名的"清江生物群"和"长阳人"遗址，是"香炉石"考古发现地和中国土家族发源地。

项目八 复盘直播活动

高家堰镇位于长阳县西北部山地地区，海拔高差大，产业和人口根据海拔的高中低分布情况各不相同。越往高海拔地区，基础设施短板越明显，突围难度越大。

在产业方面，高家堰镇依托靠近318国道的区位优势，发展以盆景为主导的绿色产业，推动柑橘、蔬菜、茶叶等农经作物产业发展取得较大突破。如何将这些绿色产业与提升贫困户收益连接起来？这是高家堰镇发展的难点。随着电商直播的兴起，高家堰镇涌现出一批乡村"网红"，为盆景开拓销路；把盆景从老百姓手中接过来，深加工成艺术品，提高产业价值；助推人才协会、合作社、大户、能人、"网红"等多方协作，形成产业链；与旅游业共同发展，"把盆景装进游客的后备箱"。

长阳县在2019年脱贫摘帽，各级党委政府发挥了重要的作用。脱贫路上辛苦不断，脱贫的故事十分感人，除了党和政府、各级单位的帮扶，也离不开老百姓的自立自强。长阳正不断巩固脱贫成果，不让一个人返贫，守护百姓如今的幸福生活。

选自《学习强国》网站（2022年11月11日发表）

启示：

党的二十大报告第十点中明确提出："推动绿色发展，促进人与自然和谐共生。……加快发展方式绿色转型。……实施全面节约战略……发展绿色低碳产业……倡导绿色消费，推动形成绿色低碳的生产方式和生活方式。"绿色转型强调经济、社会和环境的协调发展，鼓励采用可持续的生产和消费方式。通过电商直播，将长阳县的特色产品推向更广泛的市场，实现销售渠道的多元化。这有助于增加农民的收入来源，提高农民的生活水平，促进农村的经济发展。

知识单元二　分析复盘数据

知识探究

进行直播数据分析，挖掘数据背后的信息，可以评估直播效果的好坏，并有针对性地进行提升和改进。直播数据分析到底分析什么？如何分析才是有效的？如何才能通过数据分析来帮助提升流量和销售量呢？

知识学习

1. 复盘数据步骤

在抖音电商罗盘后台，清晰呈现成交总额、流量入口分析、商品上架销售、"五维四率"等数据。登录账号后台，可以帮助商家快速洞察直播过程出现的问题，明确自身直播间的经营短板，提高商家在直播间上的人货场调整能力。通常将分析复盘数据梳理为以下五个步骤，如图8-2-1所示。

图 8-2-1　复盘数据步骤

2. 数据波动类型

根据直播间流量漏斗分析，常见的数据波动的情况可以分为以下五种类型：

①高直播间曝光、低直播间进入：直播在某个时间段内获得了较高的曝光量，但进入直播间的人数却相对较少。这可能是由于直播间的场景搭建、短视频引流、产品预告等没有吸引力导致的。

②高直播间进入、低商品曝光：在某个时间段内，进入直播间的人数较多，但是直播中展示的商品曝光量却相对较低。这和商品曝光的频次、主播话术引导、直播场景搭建有关系。

③高商品曝光、低商品点击：直播中商品得到了较高的曝光，但是观众点击商品进入详情页的比例却相对较低。这可能是由于商品本身吸引力不足、价格过高或者直播间的氛围不够吸引人等原因导致的。

④高直播观看、高直播流失：直播在某个时间段内吸引了大量观众进入观看，但是观众在直播过程中的流失率也相对较高，实际最高峰值人数并不多，甚至平均停留时长也很低，这说明直播间承接流量的能力较低，不能持续把控流量。这可能是由于直播内容质量不高、互动性不强或者观众对直播内容不感兴趣等原因导致的。

⑤高商品点击、低商品转化：直播中观众对某个商品点击率较高，但是实际转化为购买的用户比例却相对较低。这可能是由于商品价格过高、直播间的促销政策不够吸引人或者观众对商品的质量和售后服务等方面存在疑虑等原因导致的。这种情况下，需要对商品价格、促销政策和直播间的服务质量进行优化和调整，提高用户的购买率和满意度。

3. 优化提升建议

根据"五维四率"数据波动的常见情况，可以优化提升的方向如下：

①高直播间曝光、低直播间进入：优化用户预览到直播间的画面，调整场景氛围感，提高画面画质，保障音效收音清晰；提高抖音搜索的标题吸引力；提高短视频预告的吸引力，强调开播福利优惠力度；付费投流，实时结合巨量千川和DOU+的流量，增加直播间的曝光度，如表8-2-1所示。

表 8-2-1　高直播间曝光 低直播间进入　优化提升建议

波动类型	优化方向	优化建议
高直播间曝光 低直播间进入	场景搭建	优化用户预览到直播间的画面，调整场景氛围感，提高画面画质，保障音效收音清晰
	预热引流	提高抖音搜索的标题吸引力；提高短视频预告的吸引力，强调开播福利优惠力度
	付费投流	付费投流，实时结合巨量千川和DOU+的流量，增加直播间的曝光度

②高直播间进入、低商品曝光：主播增加话术引导，多多引导粉丝点击购买连接，增加商品链接曝光的频率；除了主播话术引导外，增加评论区引导、客服引导，增加画面贴图，增加产品曝光率，如表 8-2-2 所示。

表 8-2-2　高直播间进入 低商品曝光　优化提升建议

波动类型	优化方向	优化建议
高直播间进入 低商品曝光	曝光频率	主播增加话术引导，多多引导粉丝点击购买链接，增加商品链接曝光的频率
	曝光渠道	除了主播话术引导外，增加评论区引导、客服引导，增加画面贴图，增加产品曝光率

③高商品曝光、低商品点击：选择性价比高、质量好、口碑好、用户群体大的产品上架；优化购物车信息，产品图高清美化，标题要点清晰，价格优势突出；优化产品展示方式，摆放组合美感合理，试用演示有吸引力；主播话术直击用户痛点，配合限时限量等营销活动，营造紧张的库存有限的氛围，如表 8-2-3 所示。

表 8-2-3　高商品曝光 低商品点击　优化提升建议

波动类型	优化方向	优化建议
高商品曝光 低商品点击	选择优品	选择性价比高、质量好、口碑好、用户群体大的产品上架
	链接信息	优化购物车信息，产品图高清美化，标题要点清晰，价格优势突出
	产品展示	优化产品展示方式，摆放组合美感合理，试用演示有吸引力
	主播话术	主播话术直击用户痛点，配合限时限量等营销活动，营造紧张的库存有限的氛围

④高直播观看、高直播流失：优化整体的直播场景，直播间画面清晰有格调，符合用户期待；主播话术专业度提高，配合场控提高氛围感，让粉丝有停留观看的动力；调整直播节奏，提高福袋、抽奖等频率，提高内容留人能力，如表8-2-4所示。

表8-2-4　高直播观看 高直播流失　优化提升建议

波动类型	优化方向	优化建议
高直播观看 高直播流失	场景搭建	优化整体的直播场景，直播间画面清晰有格调，符合用户期待
	主播话术	主播话术专业度提高，配合场控提高氛围感，让粉丝有停留观看的动力
	直播节奏	调整直播节奏，提高福袋、抽奖等频率，提高内容留人能力

⑤高商品点击、低商品转化：主播讲解产品的深度增加，集中用户购买的痛点，反复强调产品的竞争优势；和场控的配合，增加直播间限时限量清库存等营销手段，营造紧张的氛围，督促粉丝下单购买；提升与用户购买相关的答疑互动，可让助播／评论区客服应对观众提问的问题进行充分解答，帮助观众应知尽知，充分了解商品，如表8-2-5所示。

表8-2-5　高商品点击 低商品转化　优化提升建议

波动类型	优化方向	优化建议
高商品点击 低商品转化	主播话术	主播讲解产品的深度增加，集中用户购买的痛点，反复强调产品的竞争优势
	增加营销	和场控的配合，增加直播间限时限量清库存等营销手段，营造紧张的氛围，督促粉丝下单购买
	提高互动	提升与用户购买相关的答疑互动，可让助播/评论区客服应对观众提问的问题进行充分解答，帮助观众应知尽知，充分了解商品

知识拓展

以制度护航绿色发展

党的二十大报告指出："推动绿色发展，促进人与自然和谐共生。"完善和强化保障绿色发展的护绿制度，无疑是当前的一项紧迫任务。笔者认为，应进一步完善相关法律和政策，实现制度护航绿色发展，提升经济社会发展的"含绿量"。

在鼓励绿色技术创新制度方面，建议有关部门细化创新标准和认证制度，推动其在各行业的应用和发展。例如，制定环保产品认证制度，鼓励企业生产环保产品，提高市场竞争力。同时，加强对绿色技术的知识产权保护，以保障其在市场竞争中的优势地位。

在绿色激励制度方面，应进一步加强探索实践，通过税费优惠、政府补贴等激励措施提高企业绿色转型的积极性，增强消费者选择低碳环保产品的偏好。一方面，大力发展以资源承载力和生态环境容量为考量基础的绿色经济、绿色产品及服务业，督促企业切实承担起环境保护的社会责任；另一方面，扩大绿色产品的生产和供应，拓展绿色消费市场，制定绿色消费激励机制，利用社交媒体宣传推广绿色消费理念，鼓励通过社交电商等平台、直播带货等渠道促进绿色消费，满足不同主体多样化的需求。

选自《人民网》网站（2023年07月15日发表）

启示：

党的二十大报告第十点中提出："加快发展方式绿色转型。……实施全面节约战略……发展绿色低碳产业……倡导绿色消费，推动形成绿色低碳的生产方式和生活方式。"直播带货作为一种新型的电商营销模式，可以降低传统销售渠道中因库存积压和运输导致的资源浪费。直播带货的销售过程更加数字化和智能化，所需的能源和资源相对更少。同时，直播带货减少了运输和物流环节，也可以降低能源消耗和碳排放。直播带货提高了资源的利用效率，为可持续发展贡献了力量。

目录 CONTENTS

项目一 认知直播电商 1

任务一 熟悉直播电商常见方式 1
任务二 熟悉主流直播电商平台及特点 5
任务三 熟悉直播电商行为规范 10

项目二 组建直播团队 15

任务一 配置直播团队 15
任务二 打造主播 20

项目三 规划直播货品 25

任务一 精选直播货源 25
任务二 确定直播排品 32

项目四 筹备直播间 38

任务一 搭建直播间 38
任务二 调试直播设备 43
任务三 设置直播平台信息 47

项目五　策划直播内容·················51

  任务一　编写直播脚本················51
  任务二　设计直播话术················57

项目六　推广直播活动·················64

  任务一　推广直播活动················64
  任务二　图文与短视频推广············68

项目七　实施直播活动·················76

  任务一　预热开场····················76
  任务二　介绍产品····················81
  任务三　促单转化····················86
  任务四　结束直播····················92

项目八　复盘直播活动·················96

  任务一　了解复盘知识················96
  任务二　分析复盘数据················102

项目一　认知直播电商

任务一　熟悉直播电商常见方式

【任务描述】

某家具有限公司,专业从事家具生产和销售20年,拥有客厅家具、卧室家具、饭厅家具三个系列产品。线下门店产品达20多个。随着互联网+电商行业的迅速崛起,公司迅速调整经营模式,想利用时下流行的直播平台,扩大销售市场。公司成立了以王经理为核心的直播营销团队,聘请了两名专业的主播,并打造了实景的直播间,配置了灯光等直播设备,但没有在任何平台上开设直播账号,也没有在电商平台上开设店铺。那到底采用哪种直播电商方式适合他们的现状呢?如何选择合适的直播电商方式呢?

【任务分析】

根据所学知识对王经理选择直播方式的任务进行分析,需按照以下工作步骤实施来完成,如表1-1-1所示。

表1-1-1　工作步骤

工作步骤	工作内容	工作要求
1	了解直播方式的多维度元素	查阅资料,了解选择直播方式的注意事项,明确选择直播方式的原则
2	确定三种模式的多维度权重	根据三种直播方式的侧重点,经过分析后确定三种模式的多维度权重
3	确定直播方式	按照多维度选择步骤,确定直播方式

【任务实施】

步骤一:了解直播方式的多维度。根据储备知识的学习,结合网络资料,了解直播方式的多维度元素，明确直播方式的维度，并将结果填写至表 1-1-2 中。

表 1-1-2 直播方式的多维度

直播方式的维度	具体内容
平台维度	
主播维度	
直播间维度	
产品维度	
团队维度	

步骤二：确定三种模式的多维度权重。根据储备知识的学习，结合三种直播方式的侧重点，完成表格 1-1-3 的权重分值的填写。

表 1-1-3 直播方式的多维度权重

	平台维度	主播维度	直播间维度	产品维度	团队维度
短视频直播模式					
直播电商模式					
电商直播模式					

步骤三：确定直播方式。针对某家具有限公司的现状对直播方式进行多维度的分析，完成选择直播模式的工作，完成表格 1-1-4 的内容填写。

表 1-1-4 直播方式多维度选择的策略评分表

	短视频直播模式	直播电商模式	电商直播模式	详情
平台维度				
主播维度				
直播间维度				
产品维度				
团队维度				
分数				

【任务反馈】

一、选择题

1. 选择直播方式时需要考虑的维度有（　　）。

A. 平台维度

B. 主播维度

C. 直播间维度

D. 产品维度

E. 团队维度

2. 常见的直播方式有（　　）。

A. 短视频直播模式

B. 直播电商模式

C. 社交电商模式

D. 电商直播模式

3. 以下哪些产品可展示性较差（　　）。

A. 钢材

B. 水泥

C. 玻璃

D. 玩具

二、判断题

1. 短视频直播模式是以短视频作为桥接跳转到直播间或者商品链接的一种直播模式。（　　）

2. 电商直播模式是在电商平台里嵌入了直播功能。（　　）

3. 平台维度主要针对的是短视频直播平台。（　　）

4. 产品维度考虑的是产品价钱。（　　）

5. 在多维度选择策略中，直播电商模式的平台维度权重很高。（　　）

三、简答题

1. 常见的直播方式有哪些？

2.选择直播方式有哪些维度需要考虑？

【任务总结】

请对本次工作任务实施过程进行总结：

收获与成长

_____

_____

问题与困难

_____

_____

【任务评价】

对本次工作任务实施情况、完成态度、团队合作进行评价，填写过程评价表 1-1-5。

表 1-1-5　任务过程评价表

评价项目	评价内容	分数	评价说明	自我评价	小组评分	教师评分
任务实施（60分）	了解直播方式的多维度	20分	根据直播的特点建立直播的多维度模型			
	确定三种模式的多维度权重	20分	较准确分配三种模式的权重			
	确定直播方式	20分	利用多维度策略表确定直播方式			
工作技能（20分）	直播模式调研	10分	对直播模式进行全面、细致调研			
	数据分析	10分	根据权重数据对直播模式进行分析，确定直播模式			
职业素养（20分）	团队协作	5分	快速地协助相关同学进行工作			
	沟通表达	5分	主动提出问题，快捷有效地明确任务需求			
	认真严谨	10分	充分运用数据进行决策、优化策略			
		计分				
总分（按自我评价30%，小组评价30%，教师评价40%计算）						

任务二 熟悉主流直播电商平台及特点

【任务描述】

某家具有限公司迎合时代发展，主动拥抱互联网，成立了以王经理为核心的直播营销团队探索直播模式，经过多维度策略评分后，如表 1-2-1 所示，参考评分表数据结果，选择了短视频直播模式 + 直播电商模式的混合方式，那到底采用哪种直播电商平台适合他们的现状呢？如何选择合适的直播电商平台呢？

表 1-2-1 某家具公司直播平台多维度选择的策略评分表

	短视频直播模式	直播电商模式	电商直播模式	详情
平台维度	0	0	0	没有任何平台
主播维度	40	60	10	已聘请 2 名专业主播
直播间维度	0	30	0	有实景直播间、配置灯光、直播设备
产品维度	36	6	0	家具产品
团队维度	0	0	36	2 名主播
分数	76	96	46	

【任务分析】

根据所学知识对王经理选择直播平台的任务进行分析，需按照以下工作步骤实施来完成，如表 1-2-2 所示。

表 1-2-2 工作步骤

工作步骤	工作内容	工作要求
1	了解直播平台的多维度元素	查阅资料，了解选择直播平台的注意事项，明确选择直播平台的原则
2	确定三种平台的多维度权重	根据三种直播平台的侧重点，经过分析后确定三种模式的多维度权重
3	确定直播平台	按照多维度选择步骤，确定直播平台

【任务实施】

步骤一：了解直播平台的多维度。根据储备知识的学习，结合网络资料，了解直播平台的多维度元素，明确直播平台的维度，这里要与任务一的直播方式的维度元素相区分，将结果填写至表1-2-3中。

表1-2-3 直播平台的多维度

维度	维度细分	抖音	快手	小红书	腾讯直播	淘宝	拼多多
分数							

步骤二：确定三种平台的多维度权重。根据储备知识的学习，结合三个直播平台的侧重点，完成表格1-2-4的权重分值的填写。

表1-2-4 直播平台的多维度权重

维度	维度细分	抖音	快手	小红书	腾讯直播	淘宝	拼多多
分数							

步骤三：确定直播方式。针对某家具有限公司的现状对直播平台进行多维度的分析，完成选择直播平台的工作，完成表格 1-2-5 的内容填写。

表 1-2-5　直播平台多维度选择策略评分表

维度	维度细分	抖音	快手	小红书	腾讯直播	淘宝	拼多多
分数							

【任务反馈】

一、选择题

1. 选择直播平台时需要考虑的维度有（　　）。

A. 产品维度

B. 主播维度

C. 直播间维度

D. 团队创作维度

2. 主流的直播平台有（　　）。

A. 内容平台

B. 电商平台

C. 腾讯直播平台

D. 社交平台

3. 抖音属于哪种平台（　　）。
A. 内容平台
B. 电商平台
C. 腾讯直播平台
D. 社交平台

二、判断题

1. 短视频直播模式是以短视频作为桥接跳转到直播间或者商品链接的一种直播模式。（　　）

2. 电商直播模式是在电商平台里嵌入了直播功能。（　　）

3. 平台维度主要针对的是短视频直播平台。（　　）

4. 产品维度考虑的是产品价钱。（　　）

5. 在多维度选择策略中，直播电商模式的平台维度权重很高。（　　）

三、简答题

1. 主流的直播平台有哪些？

2. 选择直播平台有哪些维度需要考虑？

【任务总结】

请对本次工作任务实施过程进行总结：
收获与成长
_____
_____
问题与困难
_____
_____

【任务评价】

对本次工作任务实施情况、完成态度、团队合作进行评价,填写过程评价表1-2-6。

表1-2-6 任务过程评价表

评价项目	评价内容	分数	评价说明	自我评价	小组评分	教师评分
任务实施（60分）	了解直播平台的多维度	20分	根据直播的特点建立直播的多维度模型			
	确定三种直播平台的多维度权重	20分	较准确地分配三种模式的权重			
	确定直播平台	20分	利用多维度策略表确定直播平台			
工作技能（20分）	直播模式平台调研	10分	对直播平台进行全面、细致调研			
	数据分析	10分	根据权重数据对直播模式进行分析,确定直播模式			
职业素养（20分）	团队协作	5分	快速地协助相关同学进行工作			
	沟通表达	5分	主动提出问题,快捷有效地明确任务需求			
	认真严谨	10分	充分运用数据进行决策、优化策略			
		计分				
总分（按自我评价30%,小组评价30%,教师评价40%计算）						

任务三　熟悉直播电商行为规范

【任务描述】

某家具有限公司迎合时代发展，主动拥抱互联网，成立了以王经理为核心的直播营销团队开展直播带货业务，业务经过一段时间的努力后取得显著的业绩，但同时也碰到了不少问题，例如主播的行为不规范被平台处罚，商品的瑕疵引起的法律纠纷等。王经理认为，这些问题都是因为没有学习直播电商行为规范导致的，所以要组织一次直播电商行为规范的学习以规避风险。那直播电商行为规范有哪些？

【任务分析】

根据所学知识对王经理收集直播电商行为规范的任务进行分析，需按照以下工作步骤实施来完成，如表1-3-1所示。

表1-3-1　工作步骤

工作步骤	工作内容	工作要求
1	了解直播电商相关的法律法规	查阅资料，了解直播电商相关的法律法规
2	了解《网络直播营销行为规范》	借助网络查阅《网络直播营销行为规范》，通篇了解其内容，并重点了解有关主播的行为规范
3	确定直播的行为规范	把有关直播间和主播的行为规范总结归纳出来

【任务实施】

步骤一：了解直播电商相关的法律法规。根据储备知识的学习，结合网络资料，了解直播电商相关的法律法规，明确直播电商相关的法律法规。将结果填写至表1-3-2中。

表 1-3-2 直播电商相关的法律法规

事项	具体作用	对应的法律法规
民事	人格、民事侵权、合同规则等	
电子商务	电子商务合同、争议解决、对电商经营者约束等	
产品质量	对产品质量的规定、违规处罚和争议解决等	
消费者权益保护	消费者应有的权益、商家和生产者的义务和责任，违规发出和争议解决	
信息安全	对用户信息保护的规定、违规处罚和争议解决等	
广告	对直播间所售产品的规范，主播台词的规范，直播相关方对产品问题所应承担的责任义务等	
知识产权	直播时有关音乐、视频、图片使用等知识产权的保护等	
行为规范	有关直播各方的行为规范	

步骤二：了解《网络直播营销行为规范》。根据储备知识的学习，结合网络资料，查阅《网络直播营销行为规范》，通篇阅读，并重点了解有关主播的行为规范。将结果填写至表 1-3-3 中。

表 1-3-3 《网络直播营销行为规范》相关内容

事项	答案
该《规范》制定的时间	
该《规范》制定的组织	
该《规范》制定的目的	
该《规范》制定了多少章节	
该《规范》对哪些直播相关人员和组织进行约束	

步骤三：确定直播的行为规范。根据储备知识的学习，结合网络资料，查阅《网络直播营销行为规范》，通篇阅读，把有关直播间和主播的行为规范总结归纳出来。将结果填写至表 1-3-4 中。

表 1-3-4　直播电商行为规范表

角色	行为	规范
商家	资质	
	销售	
主播	资质	
	直播场地	
	行为	
	语言	

【任务反馈】

一、选择题

1. 直播间不能出现下列标志（　　）。

A. 国旗国徽

B. 汽车

C. 服装

D. 酒瓶

2. 直播时哪些字眼属于违禁词（　　）。

A. 终身包退

B. 全国最便宜

C. 买一送一

D. 有问题联系客服

3. 主播的年龄必须年满（　　）。

A. 14 周岁

B. 16 周岁

C. 18 周岁

D. 无限制

二、判断题

1. 直播间有未成年人出境时不需要大人陪同。（　　）

2. 只要年 16 周岁即可担任主播，不需要监护人同意。（　　）

3. 直播时，只播放音乐或者视频，主播不在直播间是一种违规行为。（　　）

4. 直播时，主播怒摔一个其他品牌的同类产品，并说"这都是什么垃圾产品！"，这样的行为不属于违规行为。（　　）

5. 直播时，主播为了方便处理售后问题，把微信二维码放在直播间背景里，并提醒粉丝有问题找主播，这样的行为属于正常行为。（　　）

三、简答题

1. 法律上的连带责任是什么？

2. 直播时常出现的违规字眼是？

【任务总结】

请对本次工作任务实施过程进行总结：

收获与成长

_____

_____

问题与困难

_____

_____

【任务评价】

对本次工作任务实施情况、完成态度、团队合作进行评价,填写过程评价表1-3-5。

表1-3-5 任务过程评价表

评价项目	评价内容	分数	评价说明	自我评价	小组评分	教师评分
任务实施 (60分)	了解直播电商相关的法律法规	20分	能说出直播电商相关的法律法规			
	了解《网络直播营销行为规范》	20分	对《规范》一些重点内容的了解			
	确定直播的行为规范	20分	根据相关法律法规和《规范》总结归纳直播的行为规范			
工作技能 (20分)	相关法律法规调研	10分	对相关法律法规进行全面、细致调研			
	归纳总结	10分	根据相关资料,结合直播所需的行为,归纳总结直播的行为规范			
职业素养 (20分)	团队协作	5分	快速地协助相关同学进行工作			
	沟通表达	5分	主动提出问题,快捷有效地明确任务需求			
	遵纪守法	10分	充分运用数据进行决策、优化策略			
计分						
总分(按自我评价30%,小组评价30%,教师评价40%计算)						

项目二　组建直播团队

任务一　配置直播团队

【任务描述】

某地农产品产量激增,然而,如何将这些农产品销售出去却成了农民们面临的大问题。此时,梁某希望尽自己的一份力量推动家乡的发展。但由于资金有限,梁某希望组建一个初创的直播团队,把本地的特色农产品通过直播带货的方式销售到全国各地,让更多人品尝到家乡的味道。那梁某这个初创的直播团队需要招募哪些岗位呢?这些岗位的人员分别负责什么工作呢?

【任务分析】

根据所学知识对梁某的直播团队招募的岗位和分工进行分析,需按照以下工作步骤实施来完成,如表 2-1-1 所示。

表 2-1-1　工作步骤

工作步骤	工作内容	工作要求
1	定位直播团队阶段	查阅资料,了解梁某直播团队的定位
2	确定团队所需岗位	根据直播团队定位确定具体招募的岗位
3	明确岗位分工	根据梁某销售的产品,明确团队中不同岗位的工作内容

【任务实施】

步骤一:了解直播团队的不同阶段。根据任务描述提供的信息,通过书本查阅资料,了解直播团队不同阶段的特征,明确梁某组建的直播团队所处阶段,并将结果填写至表 2-1-2。

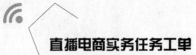

表 2-1-2 直播团队阶段

直播团队阶段	团队特征
梁某组建团队所处的阶段	

步骤二：了解直播团队所需岗位。根据储备知识的学习，确定梁某的直播团队需要哪些岗位，勾选表格 2-1-3 的正确选项（多选）。

表 2-1-3 团队所需岗位

梁某直播团队所需岗位		
序号	岗位	在所需岗位后打"√"
1	主播	
2	助播	
3	运营	
4	文案	
5	视频制作	

步骤三：明确岗位分工。根据梁某销售的产品，明确团队中不同岗位的工作内容，并记录至表 2-1-4。

表 2-1-4 明确岗位分工

序号	岗位	岗位具体工作内容
1		

续表

序号	岗位	岗位具体工作内容
2		
3		

【任务反馈】

一、选择题

1. 初创阶段直播团队的特点有（　　）。

A. 资金充足

B. 规模庞大

C. 规模较小

D. 经验丰富

2. 进阶阶段直播团队岗位包括（　　）。（多选题）

A. 主播

B. 助播

C. 选品

D. 文案

3. 成熟阶段直播团队分工共有几个部门（　　）。

A. 1 个

B.3个

C.5个

D.7个

二、判断题

1.进阶阶段的直播团队指的是初具规模的直播团队,工作量比初创阶段大大增加。( )

2.在进阶阶段直播团队中,主播团队中的岗位包括主播、副播和场控。主播部门需要充分地了解产品的核心卖点、熟悉地掌握推销产品的技巧、实时地与粉丝进行互动,保证直播顺利进行。( )

3.成熟阶段的直播团队直播部中的岗位包括:直播、助播。( )

4.成熟阶段的直播团队客服部中的岗位包括:售前客服、售后客服。( )

5.直播团队的阶段发展可以分为两个阶段。( )

三、简答题

1.进阶阶段直播团队的运营团队中包括哪些岗位?

2.这些岗位分别负责什么工作?

【任务总结】

请对本次工作任务实施过程进行总结:

收获与成长

_____
_____

问题与困难

_____
_____

项目二 组建直播团队

【任务评价】

对本次工作任务实施情况、完成态度、团队合作进行评价,填写过程评价表2-1-5。

表 2-1-5 任务过程评价表

评价项目	评价内容	分数	评价说明	自我评价	小组评分	教师评分
任务实施 (50分)	了解不同阶段的直播团队	10分	了解直播团队分哪些阶段			
	明确直播团队岗位	10分	明确不同阶段的直播团队的岗位			
	熟悉岗位工作内容	15分	熟悉不同岗位具体的工作范围			
	灵活组建直播团队	15分	思路清晰、分析准确,合理确定直播团队定位和岗位,组建团队			
工作技能 (30分)	对象调研	10分	对直播团队进行全面、细致调研			
	数据分析	10分	根据各类指标、数据对团队进行分析			
	平台操作	10分	熟练操作直播平台、各个工具软件			
职业素养 (20分)	诚信经营	5分	遵守行业规则,诚实守信、诚信经营			
	团队协作	5分	快速地协助相关同学进行工作			
	沟通表达	5分	主动提出问题,快捷有效地明确任务需求			
	数据思维	5分	充分运用数据进行决策、优化策略			
计分						
总分(按自我评价30%,小组评价30%,教师评价40%计算)						

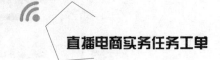

任务二　打造主播

【任务描述】

广东某大学一群热心的学生为加强我国东西部协作,到贵州某果园开展电商助农青年志愿服务项目。他们用"公益直播+创意视频传播"的新形式助农,通过线上电商平台帮助优质的贵州农产品走出大山。请问,作为直播团队里的主播需要具备哪些说话技巧和专业素养呢?如何根据贵州果园的产品打造团队里的直播人设呢?

【任务分析】

根据所学知识对助农直播团队中主播的打造任务进行分析,需按照以下工作步骤实施来完成,如表2-2-1所示。

表 2-2-1　工作步骤

工作步骤	工作内容	工作要求
1	培训主播说话技巧	培训主播在直播期间使用恰当的语调、语速和语气
2	培养主播专业素养	培养主播的心理素质、亲和力、学习能力、外表形象
3	明确主播人设包装	从主体分析、人设呈现、信息传达和引起共鸣几个方面明确主播的人设包装
4	确认直播人选并打造	根据人设需求在主播候选人中选择最合适的,进一步打造

【任务实施】

步骤一:明确主播在直播期间需要掌握的说话技巧,完成表2-2-2的填写。

表 2-2-2　主播说话技巧

语调	
语速	
语气	

步骤二：明确主播需要培养的专业素质，完成表 2-2-3 的填写。

表 2-2-3 主播专业素质

心理素质	
亲和力	
学习能力	
外表形象	

步骤三：根据销售的产品对所需要的主播人设进行主体分析，完成表 2-2-4 的填写。

表 2-2-4 主播主体分析

外貌	
性格	
行为	
话术习惯	

步骤四：四人小组合作模拟主播打造，对四位同学分别进行主体分析，并选择最适合本次助农。

直播的主播选手，完成表 2-2-5 的填写。

表 2-2-5 主播候选人分析

候选人	外貌	性格	行为	话术习惯
最合适的主播选手：				

【任务反馈】

一、选择题

1. 主播的说话技巧不包括（　　）。

A. 语调

B. 语音

C. 语速

D. 语气

2. 直主播的专业素养包括（　　）。（多选题）

A. 心理素质

B. 亲和力

C. 学习能力

D. 外表形象

3. 主播人设包装包括哪些方面（　　）。（多选题）

A. 主体分析

B. 人设呈现

C. 信息传达

D. 引发共鸣

二、判断题

1. 人设包装可以理解为把主播进行标签化，增强用户对主播的记忆。（　　）

2. 主体分析需要把主播作为主体进行分析，然后总结出主播的特点。分析的要点包括主播的外貌、性别、行为、话术习惯等。（　　）

3. 在直播和宣传的过程当中，要多强调主播的人设，并且灵活运用口号、文案、图片等方式增加用户对主播的印象。（　　）

4. 让用户认同主播，不需要有高质量商品的加持。（　　）

三、简答题

1. 对主播的心理素质有哪些要求？

2.训练主播说话技巧有哪些方法?(请说出3个)

【任务总结】

请对本次工作任务实施过程进行总结:

收获与成长

_____

_____

问题与困难

_____

_____

【任务评价】

对本次工作任务实施情况、完成态度、团队合作进行评价,填写过程评价表2-2-6。

表2-2-6 任务过程评价表

评价项目	评价内容	分数	评价说明	自我评价	小组评分	教师评分
任务实施(50分)	认识主播说话技巧	10分	列出主播说话技巧包括哪些方面			
	明确主播专业素养	10分	列出主播的专业素养			
	学会对直播进行主体分析	15分	了解主播的人设包装,并能灵活根据产品需求匹配适合主播人选			
	掌握主播人选选择方法	15分	掌握主播候选人的选择方法,灵活为不同直播配备直播			
工作技能(30分)	主播技能	15分	准确掌握直播的各种技能			
	主播筛选	15分	根据各品类产品特点,准确选择适合的主播并进行打造			

续表

评价项目	评价内容	分数	评价说明	自我评价	小组评分	教师评分
职业素养（20分）	诚信经营	5分	遵守行业规则，诚实守信、诚信经营			
	团队协作	5分	快速地协助相关同学进行工作			
	沟通表达	5分	准确、清晰表达排品底层逻辑、理由			
	用户思维	5分	充分考虑用户需求，站在用户角度思考直播品类和排品模式			
计分						
总分（按自我评价30%，小组评价30%，教师评价40%计算）						

项目三　规划直播货品

任务一　精选直播货源

【任务描述】

某婴儿用品有限公司是一家专业从事母婴用品连锁经营的公司。品系品类丰富，包括妈咪用品、哺育用品、离乳用品、玩具洗护等。公司刘经理为直播营销部门负责人，将带领团队将线下产品投放到线上直播平台售卖，以扩大公司销售渠道，增加营业额。公司品类众多，到底什么产品适合在直播间销售呢？如何选择合适的直播产品呢？

【任务分析】

根据所学知识对刘经理的直播间选品任务进行分析，需按照以下工作步骤实施来完成，如表 3-1-1 所示。

表 3-1-1　工作步骤

工作步骤	工作内容	工作要求
1	了解直播选品维度	查阅资料，了解直播选品注意事项，明确直播选品原则
2	应用直播选品方法	分析对比直播选品常见的方法，使用不同的方法对母婴品类进行直播间产品分析
3	熟悉直播选品工具	使用选品工具，调查各直播平台母婴品类热销产品
4	确定直播间商品	按照选品步骤，精选直播间商品

【任务实施】

步骤一：了解直播选品维度。根据任务描述提供的信息，通过互联网查阅资料，了解直播选品注意事项，明确选品维度，并将结果填写至表 3-1-2。

表 3-1-2 直播选品维度

选品维度	具体内容
品类	
品相	
品质	
品牌	

步骤二：了解直播选品策略。根据储备知识的学习，结合网络资料，理解常见选品策略内涵，并对母婴类产品进行分析选品，完成表格 3-1-3 的填写。

表 3-1-3 选品策略分析直播产品

序号	选品方法	母婴品类产品分析
1	粉丝需求	通过360趋势数据可以得到母婴类产品用户画像。 母婴类产品的用户年龄集中在25~49岁，以女性居多，因此选品时需要更多地站在妈妈的角度去考虑 
2	匹配人设	
3	市场趋势	
4	参考同行	

步骤三：熟悉直播选品工具。登录并注册蝉妈妈、抖查查数据、考古加数据三个常见的直播数据平台，调查各直播平台母婴品类热销产品排行榜，并记录至表 3-1-4。

表 3-1-4　各平台工具选品

序号	平台工具	排行前十的母婴产品
1	蝉妈妈	
2	抖查查数据	

步骤四：确定直播间商品。请按照以下步骤，完成直播间选品工作，完成表 3-1-5 的内容填写。

表 3-1-5　确定直播间商品

步骤	内容	要求	结果
第一步	了解行业	观察母婴行业直播市场常见细分类目	
第二步	关注同行	观摩学习同级母婴直播间，参考直播间选品	

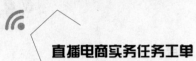

续表

步骤	内容	要求	结果			
第三步	竞品分析	分析竞店直播销售前十商品销量、价格	序号	产品	单位	价格（元）
			1			
			2			
			3			
			4			
			5			
			6			
			7			
			8			
			9			
			10			
第四步	确认选品	确认直播间商品	根据母婴人群画像、母婴直播市场发展趋势，结合各平台销售数据、竞店、竞争数据等，确定直播间产品类目有：			
			类目	名称	单位	价格（元）
			纸尿片	超薄婴儿尿不湿	NB（60片）/S（58片）/M（46片）/L（46片）/XL（34片）	68

【任务反馈】

一、选择题

1. 直播选品需要考虑的维度有（　　）。

A. 品类

B. 品相

C. 品牌

D. 品质

2. 直播选品的依据有（　　）。

A. 根据账号定位选品

B. 根据粉丝需求选品

C. 根据产品热度选品

D. 根据性价比选品

3. 直播选品的方法有（　　）。

A. 粉丝需求

B. 匹配人设

C. 市场趋势

D. 参考同行

二、判断题

1. 通过粉丝人群画像预测粉丝需求，针对粉丝的年龄层次、性别差异、地域分布等选择合适的商品，这是匹配人设的选品方法。（　　）

2. 一般情况下品牌背书利于转化，能选择有一定知名度的产品就选择有知名度的产品，质量有保障，避免售后问题；也能提高直播间转化率。（　　）

3. 品相指的就是产品的外观和包装。（　　）

4. 通常可把直播间产品分为引流款、爆款、利润款，不同品类在直播间占比不同。（　　）

5. 根据账号定位选品符合粉丝对账号的预期，但不利于产品转化。（　　）

三、简答题

1. 直播选品的常用工具有哪些？

2. 简述直播选品的步骤。

【任务总结】

请对本次工作任务实施过程进行总结：

收获与成长

_____

_____

问题与困难

_____

_____

【任务评价】

对本次工作任务实施情况、完成态度、团队合作进行评价，填写过程评价表3-1-6。

表 3-1-6　任务过程评价表

评价项目	评价内容	分数	评价说明	自我评价	小组评分	教师评分
任务实施（50分）	了解直播选品维度	10分	明确选品的原则以及注意事项			
	了解直播选品策略	10分	准确分析母婴类直播商品			
	熟悉直播选品工具	15分	熟练操作平台工具，准确把握母婴类直播热销产品			
	确定直播间商品	15分	思路清晰、数据准确，合理确定直播商品			
工作技能（30分）	产品调研	10分	对直播销售商品进行全面、细致调研			
	数据分析	10分	根据各类指标、数据对产品进行分析，精选直播商品			
	平台操作	10分	熟练操作直播平台、各个工具软件			

续表

评价项目	评价内容	分数	评价说明	自我评价	小组评分	教师评分
职业素养（20分）	诚信经营	5分	遵守行业规则，诚实守信、诚信经营			
	团队协作	5分	快速地协助相关同学进行工作			
	沟通表达	5分	主动提出问题，快捷有效地明确任务需求			
	数据思维	5分	充分运用数据进行决策、优化策略			
计分							
总分（按自我评价30%，小组评价30%，教师评价40%计算）						

任务二 确定直播排品

【任务描述】

某婴儿用品有限公司迎合时代发展,主动拥抱互联网,成立了以刘经理为核心的直播营销团队探索直播模式。在前期的选品工作中,团队初步选定了纸尿裤、婴童洗护、喂养电器/用品、婴童早教/玩具、安全座椅6个类目共20款产品作为直播间运营初期货品,如表3-2-1所示。在直播账号运营初期的直播间,先卖哪些产品呢?直播间应该如何排品?

表 3-2-1　母婴直播间货品汇总表

类目	名称	单位	价格/元
纸尿片	超薄婴儿尿不湿	NB(60片)/S(58片)/M(46片)/L(46片)/XL(34片)	68
	超薄婴儿拉拉裤	NB(54片)/S(58片)/M(53片)/L(49片)/XL(44片)	38~75
	超薄婴儿花苞裤	NB(34片)/S(30片)/M(26片)/L(20片)/XL(18片)	79
婴童洗护	宝宝棉柔巾	6包	9.9
	宝宝专用氨基酸无硅油洗发水	1瓶	28.9
	宝宝润肤橄榄油	1瓶	13.9
	宝宝洗衣皂	80g×15块	35.9
	婴儿洗澡盆	1个	29.9
喂养电器/用品	新生儿宽口径奶瓶	80 mL/160 mL/240 mL	16/22/28
	安抚奶嘴	1只	19.9
	硅胶软头勺	2只	4.9
	恒温调奶器	1台	49.9
	奶瓶消毒锅	1台	69.9
	婴儿理发器	1台	69

续表

类目	名称	单位	价格/元
宝宝早教/玩具	新生儿摇铃	1套	32.9
	宝宝黑白卡	1套	5.8
	宝宝床铃	1套	39.9
	婴儿爬行垫	1张	38
安全座椅	宝宝餐椅	1套	158
	宝宝手推车	1套	129

【任务分析】

根据所学知识对刘经理的直播间排品任务进行分析，需按照以下工作步骤实施来完成，如表3-2-2所示。

表3-2-2 工作步骤

工作步骤	工作内容	工作要求
1	确定直播间组货类型	结合婴儿用品有限公司情况以及直播营销团队现状确定直播间组货类型
2	确定直播间各品类具体产品	根据直播间各品类产品特点、目的，确定引流款、利润款、爆款、常规款以及形象款产品
3	明确直播排品目的	结合直播账号现阶段情况，明确营销目标和排品目的
4	制定直播间排品模式	综合以上分析，确定直播间排品模式

【任务实施】

步骤一：确定直播间组货类型。根据任务描述提供的信息，结合所学知识，确定该公司直播间的组货类型，完成表3-2-3填写。

表3-2-3 确定直播间组货类型

直播间的组货类型	
请说明理由	

步骤二：确定直播间各品类具体产品。根据任务描述提供的信息，结合所学知识，在初定的 20 种产品中确定的各品类具体产品，完成表 3-2-4 的填写。

表 3-2-4　直播间各品类具体产品

序号	品类	占比	数量	名称
1	引流款	10%		
2	爆款	30%		
3	利润款	30%		
4	常规款	20%		
5	形象款	10%		

步骤三：明确直播排品目的。根据任务描述提供的信息，分析直播账号现阶段情况，明确营销目标和排品目的，完成表 3-2-5。

表 3-2-5　明确直播排品目的

直播账号现阶段情况	
直播间排品目的	

步骤四：确定直播排品模式。综合以上分析，确定直播间排品模式，完成表 3-2-6 的内容填写。

表 3-2-6　直播间排品模式

排品模式	
请说明理由	

【任务反馈】

一、选择题

1. 直播间组货类型有（　　）。

A. 单一款式

B. 垂直品类

C. 多品类

D. 品牌专场

2. 直播间主要品类有（　　）三种。

A. 引流款

B. 利润款

C. 爆款

D. 其他款

3. 适用于直播账号运营初期的排品模式是（　　）。

A. 连续爆款

B. 爆款＋利润款

C. 爆款＋常规款

D. 引流款＋爆款

二、判断题

1. 排品的主要目的在于让产品在合理的位置发挥最大的价值，保证直播间流量供给，维持直播间的互动热度，促进直播间成交额的提升。（　　）

2. 利润款的目的是承接流量，促进成交、提升转化率、冲量，负责达成整场直播的销售目标。（　　）

3. 爆款的定价高、利润也最高。（　　）

4. 直播间单一款式组货类型受众单一，转化成本高，对广告流量依赖度高。（　　）

5. 当直播间日常流量趋于稳定时，可以采用"引流款＋爆款＋利润款"的排品模式，以达到交易额和利润均能提高的目标。（　　）

三、简答题

1. 直播间的品类有哪些？分别具有什么特点？

2. 简述三种直播间排品模式并说明其目的。

【任务总结】

请对本次工作任务实施过程进行总结：

收获与成长

_____

_____

问题与困难

_____

_____

【任务评价】

对本次工作任务实施情况、完成态度、团队合作进行评价，填写过程评价表3-2-7。

表3-2-7　任务过程评价表

评价项目	评价内容	分数	评价说明	自我评价	小组评分	教师评分
任务实施（50分）	确定直播间组货类型	10分	区分不同组货类型，确定合适的组货类型			
	确定直播间各品类具体产品	15分	合理确定引流款、利润款、爆款、常规款以及形象款具体产品			
	明确直播排品目的	15分	合理制定并准确表达排品目的			
	制定直播间排品模式	10分	合理制定直播间排品模式，理由充分，表述清晰			
工作技能（30分）	品类确定	15分	准确、合理确定直播间各品类具体产品			
	直播排品	15分	根据各品类产品特点，确认主推产品，并做好产品排品			

续表

评价项目	评价内容	分数	评价说明	自我评价	小组评分	教师评分
职业素养（20分）	诚信经营	5分	遵守行业规则，诚实守信、诚信经营			
	团队协作	5分	快速地协助相关同学进行工作			
	沟通表达	5分	准确、清晰表达排品底层逻辑、理由			
	用户思维	5分	充分考虑用户需求，站在用户角度思考直播品类和排品模式			
计分						
总分（按自我评价30%，小组评价30%，教师评价40%计算）						

项目四　筹备直播间

任务一　搭建直播间

【任务描述】

某小家电有限公司主营破壁机产品,产品在淘宝、天猫平台销售稳定良好。为赶上直播这趟快车,公司扩租了300平方米的办公场地,搭建直播间,创建直播账号,对破壁机进行直播销售。直播间的搭建需要哪些设施设备?灯光背景又应该如何设置呢?

【任务分析】

根据所学知识,请你根据公司经营的产品特点,帮助王经理搭建直播间,开展线上销售,需按照以下工作步骤实施来完成,如表4-1-1所示。

表4-1-1　工作步骤

工作步骤	工作内容	工作要求
1	选择合适的直播场地	查阅资料,了解直播场地的类型,根据直播需求,选择合适的场地进行直播
2	规划直播间大小	确定直播场地的空间大小
3	设定直播间风格	观看同品类产品直播间,确定自己的直播间风格
4	划分直播间区域	规划直播间区域
5	布置直播间背景	为直播间布置一个合适的背景
6	直播间灯光布置	根据直播间要求,做好灯光布置

【任务实施】

步骤一:选择合适的直播场地。根据任务描述提供的信息,通过互联网查阅资料,了解直播选品注意事项,明确选品维度,并将结果填写至表4-1-2。

项目四 筹备直播间

表 4-1-2 直播场地类型

场地类型	适合直播的产品类型

步骤二：规划直播间大小。根据储备知识的学习，结合本次公司直播产品类型小家电，熟悉常见的直播间空间大小，完成表 4-1-3 的填写。

表 4-1-3 直播间大小规划

序号	直播间面积	隔音要求	适合的小家电产品	直播团队人数
1				
2				

步骤三、步骤四、步骤五：设定直播间风格、区域划分和背景。浏览抖音直播平台，观看至少三个小家电品牌同品类直播间，认真观察并在表 4-1-4 中，记录直播间的风格类型和直播间背景设置，写出自己直播间的风格设定和背景布置。

表 4-1-4 直播间风格、功能规划、背景

序号	直播间名称	直播间风格	直播间区域	直播间背景
1				
2				
3				
4				

步骤六：直播间灯光布置。请按照以下步骤，同时根据已学过的知识和查阅网上资料，完成直播间灯光布置，完成表4-1-5的填写。

表4-1-5 直播间灯光布置

序号	灯光类型	常用灯光设备	摆放位置	作用

【任务反馈】

一、不定项选择题

1. 搭建直播环境需要考虑的维度有（　　）。

　　A. 直播间空间

　　B. 直播间风格

　　C. 直播间背景

　　D. 直播间区域

2.通常直播过程中用到的灯光有（　　）。

A.主光

B.辅助光

C.环境光

D.轮廓光

3.影响直播间环境布置的原因有（　　）。

A.品牌调性

B.主播人设

C.产品品类

D.同行直播间布置

二、判断题

1.直播场地是固定不变的，所有直播类型和产品都只能在直播间开展。（　　）

2.直播间的空间规划应该是让人看起来既饱满又不显拥挤。（　　）

3.主播在进行直播中，一般都会使用麦克风等设备，因此直播间的隔音效果不需要考虑。（　　）

4.直播间最好以纯色、浅色背景墙为主，以简洁、大方、明亮为基础打造，因此白色背景是最佳的选择。（　　）

5.在布光之前，需要先了解直播间会用到的光源类型，通常直播过程中用到的灯光有：主光、辅助光、轮廓光、顶光和环境光。（　　）

三、简答题

公司目前有一个闲置的办公室，大小在15平方米左右，由于办公室的位置相对独立，比较安静，因此公司想把办公室改造成直播间，将近期新开发生产两款小家电空气炸锅和电煮锅。王经理建议让公司新入职的两位新人一起上播，相互配合。

请思考：直播间应该如何规划、灯光如何布置。

【任务总结】

请对本次工作任务实施过程进行总结：

收获与成长

直播电商实务任务工单

问题与困难

【任务评价】

对本次工作任务实施情况、完成态度、团队合作进行评价,填写过程评价表 4-1-6。

表 4-1-6 任务过程评价表

评价项目	评价内容	分数	评价说明	自我评价	小组评分	教师评分
任务实施 (50分)	选择合适的直播场地	10分	能够根据直播需求选择合适场地			
	规划直播间大小	10分	根据实际情况规划直播间大小			
	设定直播间风格	10分	能够设定直播间风格			
	划分直播间区域	5分	能够规划直播间区域			
	布置直播间背景	5分	能够布置好直播间背景			
	直播间灯光布置	10分	根据实际,布置直播间灯光			
工作技能 (30分)	空间规划	10分	合理利用现有场地规划直播间			
	风格设定	10分	根据产品特点设置直播风格			
	灯光布置	10分	按照实际需要布置灯光设置			
职业素养 (20分)	团队协作	10分	快速地协助相关同学进行工作			
	沟通表达	10分	主动提出问题,快捷有效地明确任务需求			
计分						
总分(按自我评价30%,小组评价30%,教师评价40%计算)						

项目四 筹备直播间

任务二 调试直播设备

【任务描述】

某小家电公司经过前期工作,投入资金搭建了直播间,并购入了完备的直播间设备,包括灯光、摄像机、声卡等。为保证直播时设备运转顺畅,还需对直播设备进行调试,检测直播间整体效果,保障直播活动顺利进行。

【任务分析】

根据所学知识,直播团队按照王经理的要求,配置直播相关的直播设备,需按照以下工作步骤实施来完成,如表 4-2-1 所示。

表 4-2-1 工作步骤

工作步骤	工作内容	工作要求
1	确定直播拍摄设备	结合拍摄设备的性能、作用,确定直播间需要使用的直播拍摄设备
2	确定直播声音设备	结合声音设备的性能、作用,确定直播间需要使用的直播拍摄设备

【任务实施】

步骤一:确定直播拍摄设备。根据任务描述提供的信息,结合所学知识,确定的该公司直播间直播设备的作用,完成表 4-2-2 的填写。

表 4-2-2 直播拍摄设备及作用

序号	设备名称	作用

续表

序号	设备名称	作用

步骤二：确定直播间声音设备。根据任务描述提供的信息，结合所学知识，确定的该公司直播间直播设备的作用，完成表 4-2-3 的填写。

表 4-2-3　直播声音设备及作用

序号	设备名称	作用

【任务反馈】

一、不定项选择题

1. 以下不属于直播拍摄设备的是（　　）。

A. 手机

B. 支架

C. 摄像头

D. 声卡

2. 以下不属于直播声音设备的是（　　）。

A. 声卡

B. 麦克风

C. 摄像机

D. 监听耳机

3. 以下哪些情况可以使用电脑设备辅助直播（　　）。

A. 绿幕直播

B. 预热视频剪辑

C. 修改商品价格

D. 商品上下架

二、判断题

1. 直播间需要的拍摄设备包括手机及支架、摄像头和专业摄像机、云平台、电脑等，每一场直播都需要用到所有设备。（　　）

2. 使用手机直播，一般选择分辨率高的，可以保证画面高清度；如果有夜间直播需求，建议考虑夜间拍摄效果好的手机。（　　）

3. 摄像头的质量会影响直播的音画效果，可以选择高品质的摄像头。（　　）

4. 对于直播质量、直播画面有更高要求，则需要使用摄像机。（　　）

5. 拍摄云台一般只能用于摄像机。（　　）

三、简答题

1. 直播间的拍摄设备有哪些？分别具有什么作用？

2. 直播间的声音设备有哪些？分别具有什么作用？

【任务总结】

请对本次工作任务实施过程进行总结：

收获与成长

_____

_____

问题与困难

_____

_____

【任务评价】

对本次工作任务工作能力、职业素养进行评价，填写过程评价表 4-2-4。

表 4-2-4 任务过程评价表

评价项目	评价内容	分数	评价说明	自我评价	小组评分	教师评分
任务实施（50分）	配置直播间拍摄设备	25分	区分不同拍摄设备的作用			
	配置直播间声音设备	25分	区分不同声音设备的作用			
工作技能（30分）	设备挑选	15分	能够快速找到直播间合适的设备			
	设备采购	15分	能够高效采购需要的设备			
职业素养（20分）	团队协作	10分	快速地协助相关同学进行工作			
	沟通表达	10分	准确、清晰表达直播设备确定的理由			
		计分				
总分（按自我评价30%，小组评价30%，教师评价40%计算）						

项目四　筹备直播间

任务三　设置直播平台信息

【任务描述】

某小家电公司直播团队高效地搭建好符合产品定位、风格的直播间,并购置了能够满足直播的直播设备,经过多次调试,直播间完全可以进入使用阶段。直播团队准备按照原定计划,利用公司抖音号,进行直播。那么,在开播之前,团队应该为公司的账号设置哪些信息?

【任务分析】

根据所学知识,直播团队按照王经理的要求,在进行直播前,对公司的抖音账号进行设置,完成直播前的准备,需完成表 4-3-1 的填写。

表 4-3-1　账号信息设置

工作步骤	工作内容	工作要求
1	账号基础设置	为公司抖音账号做好基础设置
2	直播间信息设置	在开播前,为直播间做信息设置

【任务实施】

步骤一:账号基础设置。根据任务描述提供的信息,结合所学知识,为公司的抖音账号做基础设置,并完成表 4-3-2 的填写。

表 4-3-2　账号基础设置

序号	内容	具体内容
1	账号介绍	
2	直播时间	
3	…	

步骤二：直播间信息设置。根据任务描述提供的信息，结合所学知识以及观看同品类直播间，在开播前完成直播间设置，完成表4-3-3的内容填写。

表4-3-3 直播间信息设置

序号	内容	具体内容
1	直播间头像	
2	直播间名称	
3	直播间介绍	
4	设置屏蔽词	
5		…

【任务反馈】

一、不定项选择题

1.直播间信息设置包括以下哪些内容（　　）。

A. 头像

B. 名称

C. 介绍

D. 屏蔽词设置

2.以下哪一个不是常用的直播平台？（　　）

A. 抖音

B. 快手

C. 虎牙

D. 支付宝

3.直播平台账号基础设置可以包含哪些内容？（　　）

A. 公司介绍

B. 产品品类

C. 直播时间

D. 微信号

二、判断题

1. 账号介绍设置，有利于增加用户对该账号的了解。（　　）
2. 可以在账号介绍处加上直播时间，让用户可以及时关注直播间动态。（　　）
3. 直播间账号设置可有可无，对直播效果没有任何帮助。（　　）
4. 直播间头像设置要符合要求，不能用违法违规的图片做头像。（　　）
5. 直播间名称标题越长越好，有利于吸引眼球。（　　）

三、简答题

1. 请你根据学过的知识，谈谈直播平台信息有哪些内容需要设置？

2. 直播平台信息设置起到什么作用？

【任务总结】

请对本次工作任务实施过程进行总结：

收获与成长

_____

_____

问题与困难

_____

_____

【任务评价】

对本次工作任务工作能力、职业素养进行评价，填写任务过程评价表4-3-4。

表 4-3-4　任务过程评价表

评价项目	评价内容	分数	评价说明	自我评价	小组评分	教师评分
任务实施（50分）	账号基础设置	25分	能够准确对公司账号设置相关信息			
	直播间设置	25分	能够在开播前做好直播间相关信息设置			

续表

评价项目	评价内容	分数	评价说明	自我评价	小组评分	教师评分
工作技能（30分）	开通直播平台账号	15分	能够独立自主开通直播平台账号			
	设置平台信息	15分	可以根据实际需求设置直播间信息			
职业素养（20分）	团队协作	10分	快速地协助相关同学进行工作			
	沟通表达	10分	准确、清晰表达账号设置、直播间设置的注意事项			
计分						
总分（按自我评价30%，小组评价30%，教师评价40%计算）						

项目五　策划直播内容

任务一　编写直播脚本

【任务描述】

某国内某化妆品品牌已创立20年,立足传承本草智慧,专注于开发中药调理肤质肤色、标本兼治肌肤问题的产品,产品性价比高,成分安全有效。该品牌一直在线下销售,并在国内各大城市均有销售点,具备一定知名度,但是用户大多数为中年人。随着各大自媒体平台直播带货的兴起,该品牌想要通过直播带货吸引2 000名年轻的新用户成为粉丝,达成营业额50万元,扩大知名度。"双十一"马上要到了,那么该品牌准备以眉笔作为引流产品,修护产品作为利润品,补水类产品作为爆款,套装组合作为福利产品,那么在直播之前是否该对整场直播做一个整体规划呢?应该如何策划"双十一"直播的整体流程才能确保直播的顺利开展并帮助达到该品牌本次直播的目的呢?

【任务分析】

根据所学知识对该品牌的直播脚本进行撰写,需按照以下工作步骤实施来完成,如表5-1-1所示。

表5-1-1　工作步骤

工作步骤	工作内容	工作要求
1	确定直播主题	通过互联网进一步了解品牌,根据品牌的直播需求,小组进行讨论完成主题分析表
2	确定直播间人员分工	根据所学直播岗位相关知识,对本场直播人员进行安排,并完成人员分析表
3	规划直播流程	按照选品步骤,精选直播间商品
4	撰写直播脚本	将步骤1—3中完成的内容进行整理,撰写完整的直播脚本

【任务实施】

步骤一：确定直播主题。根据任务描述提供的信息，结合品牌的特色以及直播中涉及的产品，分析选择什么样的主题最合适，又有特点，并将结果填写至表 5-1-2。

表 5-1-2　直播主题分析表

直播主题分析表	
品牌定位	
直播产品	
直播主题	
优势特点	

步骤二：确定直播间人员分工。根据学习过的直播岗位相关知识，分析该直播需要的人员数量以及工作安排，完成表 5-1-3 的填写。

表 5-1-3　直播间人员安排表

直播间人员安排表			
序号	岗位类型	人员	工作内容
1	主播		
2	助播		
3	运营		
4	场控		
5	客服		
6			

步骤三：规划直播流程。结合所学的直播脚本流程，根据任务信息，设计直播流程，细化到每一个时间点，设计两种不同的流程进行优缺点对比，并记录至表 5-1-4。

表 5-1-4　直播流程对比表

直播流程对比表							
流程 1							
流程 2							
优点							
缺点							

步骤四：撰写直播脚本。请根据步骤一——三已经完成的内容，按照已经学习的直播脚本流程撰写相关知识，完成表 5-1-5 的内容填写。

表 5-1-5　撰写直播脚本

整场直播脚本			
直播主题			
直播目标			
直播时间		直播地点	
商品数量		道具	
主播人员			
内容提纲			
场控人员		运营人员	

续表

时间段	流程	主播	场控	主推产品
注意事项				
直播流程细化				
直播预热				
话题引入				
产品讲解	序号	名称	卖点	数量	优惠	话术	备注
	1						
	2						
	3						
	4						
直播收尾				

【任务反馈】

一、选择题

1. 直播脚本是通过（　　）的形式写出一个框架。

A. 图片

B. 文字

C. 视频

D. 动画

2. 在直播过程中可以通过发放福利、提示优惠的方式活跃直播间气氛，引导（　　）。

A. 粉丝管理

B. 粉丝活动

C. 粉丝消费

D. 直播宣传

3. 直播脚本的组成要素有。（ ）

A. 直播主题

B. 直播时间

C. 设备调试

D. 注意事项

二、判断题

1. 为了达到较好的直播效果，必须一直使用固定的直播脚本。（ ）

2. 在直播过程中需要在脚本上记录各个时间段的数据，用来复盘直播。（ ）

3. 主播在直播过程中可以不按照脚本设计，自由发挥。（ ）

4. 直播间直播的时间要经常更换，给粉丝意想不到的惊喜。（ ）

5. 利润款产品可以在直播间人数较少的时候来为直播间引流。（ ）

三、简答题

1. 直播脚本组成要素有哪些？

2. 简述直播脚本的重要性。

【任务总结】

请对本次工作任务实施过程进行总结：

收获与成长

___

___

问题与困难

___

___

【任务评价】

对本次工作任务实施情况、完成态度、团队合作进行评价，填写过程评价表5-1-6。

表 5-1-6 任务过程评价表

评价项目	评价内容	分数	评价说明	自我评价	小组评分	教师评分
任务实施（50分）	确定直播主题	10分	主题能够明确表达直播内容并符合任务场景			
	确定直播间人员分工	10分	人员分工明确合理			
	规划直播流程	15分	直播流程设计完整，思路清晰，符合直播目标			
	撰写直播脚本	15分	完整清晰、各个环节表达具体、衔接合理，可行性强			
工作技能（30分）	信息整理	15分	对直播的品牌以及直播的前提条件进行信息梳理			
	统筹安排	15分	根据任务信息设计合理的直播流程			
职业素养（20分）	诚信经营	5分	遵守行业规则，诚实守信、诚信经营			
	团队协作	5分	快速地协助相关同学进行工作			
	沟通表达	5分	主动提出问题，快捷有效地明确任务需求			
	数据思维	5分	充分运用数据进行决策、优化策略			
计分						
总分（按自我评价30%，小组评价30%，教师评价40%计算）						

任务二 设计直播话术

【任务描述】

国内某化妆品公司携手国内某医药大学共同研发，新出了一款修护面霜，在延续草本安全成分的同时使用先进科学技术保证功效，价格实惠。该产品在各大平台知名护肤博主的视频推广下，吸引了大批粉丝购买并得到了良好的效果反馈。双十一马上要到了，该品牌准备开一场"草本养肤，双十一王牌国货大促"为主题的直播活动，满200元减20元优惠，主推该修护面霜，请问该品牌直播时应如何使用话术对该产品进行销售才能最大程度地吸引新用户购买？请你以该修护面霜为案例设计10分钟以内的单品直播话术稿。产品信息如表5-2-1所示。

表5-2-1 产品信息

产品名称	销量	包装设计	卖点	单价	使用方法
红景天面霜	56万	真空锁鲜的按压泵包装、按压取霜	1.天然植物成分 2.实效透亮，14天淡纹紧致 3.真空包装隔离空气氧化 4.适合任何肤质	218元	分别涂抹于面颊、额头、鼻子、下巴等部位，轻轻按摩吸收
权威背书、数据	1.某中医药大学联合研制 2.淘宝好评率98%			肤感	淡黄色的乳霜质地，清爽、不油腻
成分	以红景天为核心的植物提取（库拉索芦荟汁、桃花水、积雪草、茯苓），无水配方，浓度达到了65%				
功效	透亮、淡纹、紧致				
针对问题	熬夜、加班、甜食导致的肌肤氧化、糖化、光老化				
专利技术	1.红景天微囊包裹技术 2.导入元专利				

【任务分析】

根据所学知识对要直播的产品进行分析并撰写单品直播话术，需按照以下工作步骤实施来完成，如表5-2-2所示。

表 5-2-2 工作步骤

工作步骤	工作内容	工作要求
1	设计预热开场话术	根据产品特点以及任务要求确定开场形式，并通过话术设计留客
2	设计产品介绍话术	根据表5-2-1给出的产品信息结合所学产品介绍相关知识，全方面设计产品介绍话术
3	设计下单转化话术	根据任务给出的信息，通过话术营造互动，引导下单
4	设计直播收尾话术	根据所学直播收尾话术知识，确定收尾内容
5	完成完整的直播话术稿	将步骤1—4设计的话术进行整合，选择最优话术形成5分钟内的完整的直播话术稿

【任务实施】

步骤一：设计预热开场话术。根据产品特点以及任务要求设计不同的开场形式，并通过话术设计留客，对比不同方式的优缺点，选出你认为最合适的话术，完成表5-2-3的填写。

表 5-2-3 直播开场形式与话术设计

形式	话术设计	互动留人话术
点明主题		
紧跟热点		
导入故事		
问题导入		
福利活动		

步骤二：设计产品介绍话术。根据任务描述提供的产品信息，结合所学产品介绍话术

知识选择符合产品特点的介绍方式进行设计,完成表 5-2-4 的填写。

表 5-2-4　产品介绍话术设计

产品介绍方式	话术设计
专业化介绍	
场景化介绍	
产品举证	
建立危机感	
感官使用描述	

步骤三:设计下单转化话术。根据任务给出的信息,选择合适的方式,通过话术营造互动,促单追单,完成表 5-2-5 的内容填写。

表 5-2-5　下单转化话术

促单追单方式	话术设计	
价格吸引		
限制时间		
限制数量		
强调直播间优势		
建立信任		
互动留人		
	方式	话术设计
方式一		
方式二		
方式三		

步骤四：设计直播收尾话术。根据所学直播收尾话术知识，确定收尾内容，完成表 5-2-6 的内容填写。

表 5-2-6　直播收尾话术设计表

收尾目的	话术设计
引导下单	
引导关注	
直播预告	

步骤五：完成完整的直播话术稿。根据步骤一——四中设计的话术内容，选择最优话术进行调整组合，形成完整的 10 分钟以内的直播话术稿。完成表 5-2-7 的内容填写。

表 5-2-7　直播话术稿

流程	口播时长	目的	话术设计
直播暖场	1 分钟		

【任务反馈】

一、选择题

1. 在某场直播中，主播开场说"直播间福袋抽奖送一台手机"这样的话术属于哪种开

场方式?（ ）

    A. 提出要求

    B. 福利吸引

    C. 紧跟热点

    D. 故事引入

2. 直播中主播说"今天的优惠数量有限，只剩下 100 件了，买完就没有了"这种追单促单方式属于。（ ）

    A. 限制时间

    B. 建立信任

    C. 限制数量

    D. 价格吸引

3. 场景化描述理解正确的是（ ）。

    A. 要帮谁解决什么问题

    B. 用户在哪里使用该产品

    C. 谁在什么情况下需要解决什么问题

    D. 固定场景下使用产品的方法

二、判断题

1. 在产品介绍过程中为了让观众购买，可以夸大产品的作用。（ ）

2. 在直播过程中通过对品牌的介绍讲解，可以增加观众对品牌的信任感，减少观众购买的心理顾虑。（ ）

3. 直播话术用越多的专业术语、专有名词越好，避免口语化，会让观众听起来感觉很高级。（ ）

4. 在设计直播话术时避免使用过于强硬的用词，不然会让观众感觉被主播命令了。（ ）

5. 在直播过程中，品牌背书必须有据可依，不能主播信手拈来。（ ）

三、简答题

1. 简述商品介绍话术可以有哪些方式。

2. 简述追单促单有哪些方式。

【任务总结】

请对本次工作任务实施过程进行总结：

收获与成长

_____

_____

问题与困难

_____

_____

【任务评价】

对本次工作任务实施情况、完成态度、团队合作进行评价，填写过程评价表 5-2-8 的内容填写。

表 5-2-8 任务过程评价表

评价项目	评价内容	分数	评价说明	自我评价	小组评分	教师评分
任务实施（50分）	设计预热开场话术	10分	话术方式选择与表达逻辑清晰合理，足够吸引人			
	设计产品介绍话术	10分	产品介绍实事求是，使用方法符合产品特点，话术表达逻辑清晰，有理有据，能够激发购买欲			
	设计下单转化话术	10分	话术能够营造紧迫的直播氛围，调动直播间气氛			
	设计直播收尾话术	10分	结尾不唐突，衔接合理，并能够带动最后一次转化			
	完成完整的直播话术稿	10分	整场话术主题、目的明确，逻辑清晰、节奏紧凑			

续表

评价项目	评价内容	分数	评价说明	自我评价	小组评分	教师评分
工作技能（30分）	方式选择	15分	根据任务要求与产品特点，对各个环节的方式选择合理			
	文字描述	15分	文字表达生动，逻辑严谨，有据可依			
职业素养（20分）	诚信经营	5分	遵守行业规则，诚实守信、诚信经营			
	团队协作	5分	快速地协助相关同学进行工作			
	沟通表达	5分	准确、清晰表达各个环节话术			
	用户思维	5分	充分考虑用户需求，站在用户角度思考用户想听什么			
计分						
总分（按自我评价30%，小组评价30%，教师评价40%计算）						

项目六　推广直播活动

任务一　推广直播活动

【任务描述】

某淘品牌女装服饰店铺,是10年老店,粉丝量积累近20万。在平台的政策支持下,开通了自己的淘宝直播。原以为直播间会热闹非凡,人气不断,能给店铺带来可观的销售额,但没想到开播后直播间人数寥寥无几。经过分析和讨论,直播团队认为,直播间人气不足的原因在于引流推广工作没有做到位。那么,直播引流推广工作具体有哪些呢?

【任务分析】

根据所学知识对女装服饰店铺进行分析,需按照以下工作步骤实施来完成直播引流推广工作,如表6-1-1所示。

表 6-1-1　工作步骤

工作步骤	工作内容	工作要求
1	确定直播引流形式	结合店铺的经营状况,确定三种引流形式,并说明理由
2	确定直播推广渠道	结合店铺的经营状况,确定站内、站外推广渠道,并说明理由

【任务实施】

步骤一:确定直播引流形式。根据储备知识的学习,结合网络资料,了解直播引流常见的形式,为淘品牌女装服饰店铺确定三种引流形式,并将结果填写至表6-1-2。

表 6-1-2 直播引流形式

直播引流形式	理由

步骤二：确定直播推广渠道。根据储备知识的学习，结合网络资料，了解直播引流常见的形式，为淘品牌女装服饰店铺确定站内、站外推广渠道，并将结果填写至表 6-1-3。

表 6-1-3 直播引流形式

	具体渠道	理由
站内		
站外		

【任务反馈】

一、选择题

1. 常见的直播引流形式有。（　　）

A. 软文引流

B. 短视频引流

C. 线下引流

D. 问答引流

2. 在淘宝开展直播活动，主要有（　　）两种渠道。

A. 直通车推广

B. 钻展推广

C. 首焦推广

D. 直播广场推广

3. 与互联网上用户聚集的垂直论坛合作，对直播活动进行宣传推广指的是（　　）。
　A. 主流媒体引流推广
　B. 与 KOL 合作引流推广
　C. 垂直论坛引流推广
　D. 社交平台引流推广

二、判断题

1. 首焦推广和直播广场两者的区别在于目标人群不同。（　　）

2. 问答引流指的是借助百度知道、搜索问问、知乎问答、头条问答等平台，回答网友热点问题，植入直播活动信息，引导网络用户关注并前往直播间。（　　）

3. 在发布视频时加上定位，粉丝更有可能因为同城推荐而进入直播间，这是短视频引流。（　　）

4. 在小红书、微博、视频号、B 站等社交平台进行人物 IP 的打造，塑造人物特点、性格，并结合当下热点进行宣传，会更容易被粉丝记住和传播。（　　）

5. 与 KOL 合作对直播电商活动进行推广可以起到事半功倍的效果，费用也较低。（　　）

三、简答题

1. 常见的直播引流方式有哪些？

2. 请简述站外引流推广渠道主要有哪些，有什么作用？

【任务总结】

请对本次工作任务实施过程进行总结：
收获与成长

_____

_____

问题与困难

_____

【任务评价】

对本次工作任务实施情况、完成态度、团队合作进行评价，填写过程评价表6-1-4。

表6-1-4 任务过程评价表

评价项目	评价内容	分数	评价说明	自我评价	小组评分	教师评分
任务实施（50分）	确定引流形式	20分	结合店铺情况，确定合理的引流形式，理由充分			
	确定站外推广渠道	15分	结合店铺情况，确定合理站外推广渠道，理由充分			
	确定站内推广渠道	15分	结合店铺情况，确定合理站内推广渠道，理由充分			
工作技能（30分）	营销能力	15分	能理解市场需求，提供更好的产品和服务，提升直播的竞争力			
	引流能力	15分	熟悉直播间引流形式、渠道以及如何获得精准流量			
职业素养（20分）	诚信经营	5分	遵守行业规则，诚实守信、诚信经营			
	团队协作	5分	快速地协助相关同学进行工作			
	沟通表达	5分	主动提出问题，快捷有效地明确任务需求			
	用户思维	5分	充分运用数据进行决策、优化策略			
		计分				
总分（按自我评价30%，小组评价30%，教师评价40%计算）						

任务二　图文与短视频推广

【任务描述】

为迎接三八女王节，某淘品牌女装服饰店规划好了货盘，计划于节日当晚 19 点到凌晨 1 点进行直播大促。为了保证活动当晚直播间的人气和流量，直播团队提前 1 个月着手准备直播预告海报和短视频推广。如何设计出符合主题的直播预告海报呢？直播短视频的制作过程又是怎样的呢？

【任务分析】

根据所学知识对服装直播间引流任务进行分析，可以把任务拆解为两部分：第一部分是推广海报的设计，第二部分为引流短视频拍摄，如表 6-2-1、表 6-2-6 所示。

第一部分：设计推广海报

表 6-2-1　工作步骤

工作步骤	工作内容	工作要求
1	分析产品受众，确定主题	明确产品的目标受众，确定直播的主题，确保与目标受众的兴趣相关
2	直播主题标语创作	根据直播主题和目标受众的需求，添加适当的文字和标语
3	收集与直播主题相关的素材和信息	收集与直播主题相关的素材和信息，包括图片、文字、标语等
4	确定海报的布局和设计风格	根据收集到的素材和信息，确定海报的布局和设计风格。根据直播主题和设计风格，选择合适的配色方案
5	用电脑完成海报创作	用Photoshop或者Illustractor等软件制作海报
6	填写海报发布计划	根据直播时间设定海报发布时间

项目六 推广直播活动

【任务实施】

步骤一：确定产品目标受众以及直播主题，并将结果填写至表 6-2-2。

表 6-2-2　产品受众与主题

	具体内容
产品受众	
直播主题	

步骤二：根据直播主题和目标受众的需求，添加适当的文字和标语。文字要简洁明了，能够吸引目标受众的注意力，并传达直播的核心信息和价值，并完成表 6-2-3 的填写。

表 6-2-3　直播主题标语创作

	具体内容
标题类型	
主题标语	

步骤三：收集与直播主题相关的素材和信息，包括图片、文字、标语等。充分研究产品，精心挑选几款主推的产品图片，服装模特妆容要符合服装的风格，服装搭配要凸显出款式的时尚、百搭、显身材等卖点。可以在电脑创建文件夹专门放置收集到的有用素材。

步骤四：根据收集到的素材和信息，确定海报的布局和设计风格，整理文件夹素材，为海报制作做准备，完成表 6-2-4 的填写。

表 6-2-4　海报的布局和设计风格

	具体内容
焦点元素	
设计风格	
背景元素	

步骤五：完成以上准备工作后，在电脑用 Photoshop 或者 Illustrator 进行海报创作，确定海报主色调以及添加标题。

完成最终的设计后，将海报输出为适当的格式，如 JPEG 或 PNG。然后将海报发布到适当的渠道，如社交媒体、网站等，以吸引目标受众的注意和参与，并完成表 6-2-5 的填写。

表 6-2-5　海报发布计划

发布平台	发布时间	完成进度

第二部分：短视频拍摄

短视频拍摄工作步骤如表 6-2-6 所示。

表 6-2-6　工作步骤

工作步骤	工作内容	工作要求
1	确定短视频类型	小组选择其中一个视频类型拍摄短视频
2	短视频创意设计与视频分镜脚本编写	小组讨论设计视频脚本，合作编写分镜脚本
3	视频拍摄	小组分工拍摄短视频，分别负责道具准备、摄影、演员、灯光等
4	视频剪辑	根据分镜脚本剪辑拍摄素材，视频有故事性、逻辑性，节奏明快，后期添加音乐、字幕、特效，输出完整视频

【任务实施】

步骤一：确定短视频类型。根据所学知识，小组讨论，小组选择其中一个视频类型拍摄短视频,完成表 6-2-7 的填写。

表 6-2-7 确定短视频类型

选择拍摄的短视频类型	

步骤二:根据短视频控制在三分钟以内的原则,根据所学知识,小组讨论短视频脚本创意设计并完成视频分镜脚本编写,完成表 6-2-8、表 6-2-9 的填写。

表 6-2-8 短视频脚本

题目:
正文(约300字)

表 6-2-9 短视频分镜脚本模板

_____视频脚本

拍摄题目:　　　　　　　　　　　　　　拍摄日期:　　年　　月　　日

可用素材	序号	镜号	景别	机位	运镜	拍摄技巧	画面内容	演员动作	字幕	时长	备注
	1										
	2										

续表

可用素材	序号	镜号	景别	机位	运镜	拍摄技巧	画面内容	演员动作	字幕	时长	备注
	3										
	4										
	5										
	6										

步骤三：视频拍摄。填写岗位分工和所需道具，完成表 6-2-10 的填写。

表 6-2-10 拍摄岗位分工表

需准备的道具	灯光	摄影	演员	录音

步骤四：视频剪辑。根据分镜脚本剪辑拍摄素材，视频有故事性、逻辑性，节奏明快，后期添加音乐、字幕、特效，输出完整视频，发布至各大平台，完成表 6-2-11 的填写。

表 6-2-11 海报发布计划

发布平台	发布时间	完成进度

【任务反馈】

一、选择题

1.非直播预热文案的类型有（   ）。

A.品牌名加持，取得信任

B. 点明直播优惠，吸引粉丝

C. 深击用户痛点，传递价值

D. 蹭流量热点，标题党

2. 直播引流海报设计的元素有（　　）。

A. 图片

B. 标题

C. 直播信息

D. 颜色搭配

3. 短视频创作主题的内容类型主要有（　　）。

A. 品质类

B. 趣味类

C. 实用类

D. 情感类

二、判断题

1. 标题文字要简洁明了，能够吸引目标受众的注意力，并传达直播的核心信息和价值。（　　）

2. 根据直播主题和设计风格，配色要与直播内容相呼应，颜色越缤纷多彩越能吸引观众，达到引流效果。（　　）

3. 短视频制作一些实用类教程、技巧、指南、生活贴士、知识，可以植入一些与品牌、产品相关的信息，以达到宣传产品的目的。（　　）

4. 在拍摄过程中，需要注意摄像机的稳定性、画面的构图和曝光、声音的采集质量等因素，确保画面稳定、收音清晰。（　　）

5. 引流视频制作，视频时长和节奏都不重要，可以把节奏无限拉长，以达到营造氛围感的作用。（　　）

三、简答题

1. 请简述直播引流海报的创作流程。

2. 制作优质电商短视频摄影技术上有什么要求？

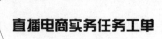

【任务总结】

请对本次工作任务实施过程进行总结：

收获与成长

_____

_____

问题与困难

_____

_____

【任务评价】

对本次工作任务实施情况、完成态度、团队合作进行评价，填写过程评价表6-2-12。

表 6-2-12　任务过程评价表

评价项目	评价内容	分数	评价说明	自我评价	小组评分	教师评分
任务实施（50分）	直播标题的撰写	5分	掌握直播标题的五个撰写技巧，创作出符合主题、有创意的标题			
	直播封面制作	10分	风格是否符合直播主题的要求，配色方案合理，有美感。熟悉创作流程，创作出完整的作品，画面布局合理			
	短视频创意设计	5分	创意别出心裁，能引起观众的共鸣，对品牌产品有引流作用			
	视频分镜脚本编写	10分	视频分镜脚本编写详细、专业，镜头衔接流畅，叙事性强			
	短视频拍摄	10分	根据小组内贡献值评判			
	后期剪辑	10分	从短视频的完整性、节奏感判断			
工作技能（30分）	拍摄技术	15分	根据分工，每个岗位负责人的专业程度评价，例如负责摄影岗位的人，要从拍摄出来的画面是否稳定、清晰、美感去判断			
	软件操作技能剪辑技能	15分	熟练操作Photoshop、Illustractor，对剪辑软件综合应用能力			

项目六 推广直播活动

续表

评价项目	评价内容	分数	评价说明	自我评价	小组评分	教师评分
职业素养（20分）	创意思维	5分	有创新意识，尊重版权，自主创意			
	团队协作	5分	快速地协助相关同学进行工作			
	沟通表达	5分	准确、清晰表达排品底层逻辑、理由			
	用户思维	5分	充分考虑用户需求，站在用户角度策划文案和脚本			
计分						
总分（按自我评价30%，小组评价30%，教师评价40%计算）						

项目七　实施直播活动

任务一　预热开场

【任务描述】

某食品集团是一个集合上游供应链和下游分销体系为一体的烘焙企业。旗下的食品以月饼、饼干、糕点等为主。该企业在不断用升级的产品和增值的服务为广大消费者提供贴心的消费体验，以互联网的发展思维，打造互联网+传统食品企业。目前，企业的直播间已经搭建完成，直播实施活动正式开始。预热开场作为直播活动的第一步，那么直播开场的设计要达到什么目标？又有哪些常见的开场形式和技巧呢？

【任务分析】

根据所学知识对直播实施活动的预热开场任务进行分析，需按照以下工作步骤实施来完成，如表 7-1-1 所示。

表 7-1-1　工作步骤

工作步骤	工作内容	工作要求
1	理解直播开场设计的目的	观摩三间不同直播间的开场，通过记录，分析直播开场的目的
2	熟悉直播开场的形式	查阅资料，了解常见的直播开场形式及其特点
3	了解直播开场的技巧	根据产品的特性、客户群体，选择合适的直播开场形式，并设计话术

【任务实施】

步骤一：明确直播开场设计的目的。好的开场，能让用户进入购买的状态，有助于接下来的直播销售。要做好直播开场，就要了解直播开场背后的目的。通过直播平台，结合储备知识的学习，观摩三间直播间在引出产品之前，如何进行开场预热，分析该直播

项目七 实施直播活动

的开场目的。请根据要求完成表 7-1-2 的填写。

表 7-1-2 直播开场设计的目的

直播销售的产品	开场的内容	直播开场设计的目的

步骤二：了解直播开场的形式。根据储备知识，通过网络查阅资料，理解直播开场的形式，并分析 6 种常见直播开场形式的特点。请按要求完成表 7-1-3 的填写。

表 7-1-3 直播开场的常见形式

组名：	成员：	销售产品：
步骤一：罗列常见的直播开场形式			
开场形式	内容	特点

步骤三：选择合适的直播开场形式。请作为直播主持人，为企业的冰皮月饼系列进行产品的宣传销售活动。在直播销售活动中，你会选择哪一种开场形式？请按步骤完成表 7-1-4 的填写，并完成组内直播开场演练。

表 7-1-4 直播开场形式设计表

组名：		成员：
步骤一：确定销售产品及客户人群		
销售产品		
客户人群		

77

续表

步骤二：讨论并确定直播开场形式	
直播开场形式	
选择的理由	
步骤三：探讨并设计直播开场话术	
成员1	
成员2	
成员3	
成员4	

步骤四：组内演练直播开场话术				
成员	成员1	成员2	成员3	成员4
是否符合产品				
话术优点				

【任务反馈】

一、选择题

1. 设计直播开场的目的有（　　）。

A. 引导推荐

B. 渗透目标

C. 激发兴趣

D. 带入场景

2. 直播开场的形式有（　　）。

A. 提问开场

B. 主题开场

C. 数据开场

D. 热点开场

3. 直播开场的技巧可以选择（　　）。

A. 塑造福利品价值

B. 介绍福利内容

C. 与用户做互动

D. 说明福利活动原因

二、判断题

1. 由于观众标签的不同、直播产品和内容的不同，需要直播销售员利用开场，第一时间将不同环境下的观众带入直播所需的场景。（　）

2. 主题开场可以进行主播自我介绍、本场直播主题介绍、直播产品目录介绍、本场直播流程。（　）

3. 采用提问开场的形式，不需要根据目标群体的购买需求进行话术调整。（　）

4. 故事开场能够让用户产生共鸣或兴趣，为后续开展的环节做好准备。（　）

5. 开场时，需要跟用户进行互动，能够与用户建立联系，激发他们的需求。（　）

三、简答题

1. 直播开场的常见形式有哪些？

2. 简述直播开场的目的。

【任务总结】

请对本次工作任务实施过程进行总结：

收获与成长

_____

_____

问题与困难

_____

_____

【任务评价】

对本次工作任务实施情况、完成态度、团队合作进行评价，填写过程评价表7-1-5。

表 7-1-5 任务过程评价表

评价项目	评价内容	分数	评价说明	自我评价	小组评分	教师评分
任务实施（50分）	理解直播开场设计的目的	15分	能够明确直播开场设计的主要目的			
	熟悉直播开场的形式	15分	熟悉常见的直播开场形式，并了解其特点			
	了解直播开场技巧	20分	能够根据销售的产品品类选择合适的开场形式			
工作技能（30分）	产品调研	10分	对直播销售商品进行全面、细致调研，了解产品的使用人群			
	产品分析	10分	能够准备分析产品的卖点、特点			
	话术演练	10分	面对镜头自信、大方地完成直播开场			
职业素养（20分）	诚信自律	5分	遵守行业规则，诚实守信、诚信经营			
	团队协作	5分	快速地协助相关同学进行工作			
	沟通表达	5分	主动提问题，快捷有效地明确任务需求			
	客户思维	5分	充分站在客户角度思考问题			
计分						
总分（按自我评价30%，小组评价30%，教师评价40%计算）						

任务二 介绍产品

【任务描述】

某食品集团坚持纯天然、无添加、药食同源的理念,根据消费者的需求,推出了以五谷为主要材料的健康小零食系列产品,并组建了直播团队进行直播实施活动。产品介绍是直播实施的重要环节,为了让消费者了解产品、信任产品,加强企业品牌宣传,直播团队将如何准确提炼产品的卖点?如何巧妙地介绍和销售产品呢?

【任务分析】

根据所学知识对直播实施活动的介绍产品任务进行分析,需按照以下工作步骤实施来完成,如表 7-2-1 所示。

表 7-2-1 工作步骤

工作步骤	工作内容	工作要求
1	掌握产品卖点的提炼方法	通过查阅资料,理解FAB法则,能通过产品详情页介绍,提炼产品卖点
2	理解产品介绍的思路	结合产品的特性和卖点,梳理4个方面的产品介绍思路
3	了解不同产品的销售技巧	根据产品的特性,完成产品的介绍话术

【任务实施】

步骤一:查阅资料,结合知识储备板块的知识,运用 FAB 法则提炼以下产品的卖点,并按要求完成表 7-2-2 的填写。

产品信息

企业研发了新产品——七黑爆浆芝麻丸。芝麻丸 4 层结构,5 层爆浆口感,严选 7 种黑食材。产品不含反式脂肪酸,一口爆浆,香浓上头,是熬夜加班、追剧看书、解馋解闷的最佳零食。

产品名称：七黑爆浆芝麻丸

净含量：100 克

保质期：4 个月

储存方式：阴凉干燥避免光处存放

食用方法：开袋即食

表 7-2-2 产品卖点提炼表

FAB	客户角度	提炼内容
F（Feature）属性、特性		
A（Advantage）优势、作用		
B（Benefit）好处、利益		

步骤二：在介绍产品的时候需要有逻辑、有重点地进行讲解。学习知识储备板块的知识，结合七黑爆浆芝麻丸的特性和卖点，从场景、卖点、痛点和价值 4 个方面进行梳理，设计合适的话术。请按要求完成表 7-2-3 的填写。

表 7-2-3 产品介绍思路表

序号	思路	话术设计
1	场景	
2	卖点	
3	痛点	
4	价值	

步骤三：了解不同品类产品的销售技巧。查阅资料，学习知识储备板块的知识，根据上述七黑爆浆芝麻丸的卖点和介绍思路，撰写合适的产品介绍话术，并完成小组内的演练。请按要求完成表 7-2-4 的填写。

表 7-2-4 产品介绍表

成员	介绍的话术	演练评价
1	材料： 工艺： 价格： 品牌：	可以从制作过程、产品优势等方面进行评价
2		
3		
4		

【任务反馈】

一、选择题

1. 可以从以下哪些方面找产品的卖点。（ ）

A. 产品价值

B. 产品外在

C. 产品附加值

2. 采用 FAB 法则找产品利益点包括。（ ）

A. 产品的优势

B. 产品的属性

C. 顾客的利益

3. 可以从以下哪些方面提炼产品的卖点。（ ）

A. 优势

B. 效用

C. 属性

D. 品牌

E. 价值

F. 成本

二、判断题

1. 卖点是指产品满足目标用户的需求点，它具有差异化和优势两个特征。（　）

2. 介绍产品的时候需要有逻辑、有重点地进行讲解。（　）

3. 主播在介绍产品的时候，可以带入产品使用的画面。（　）

4. 塑造价值的核心就是让顾客能够感觉到所购买的产品价值是大于产品本身价格的，让顾客有物超所值的感觉。（　）

5. 进行价格对比时，可以采用同渠道的价格进行对比。（　）

三、简答题

1. 说一说介绍产品的思路。

2. 简述食品类产品介绍的技巧。

【任务总结】

请对本次工作任务实施过程进行总结：

收获与成长

_____

_____

问题与困难

_____

_____

【任务评价】

对本次工作任务实施情况、完成态度、团队合作进行评价，填写任务过程评价表7-2-5。

表 7-2-5 任务过程评价表

评价项目	评价内容	分数	评价说明	自我评价	小组评分	教师评分
任务实施（50分）	产品卖点的提炼方法	15分	掌握产品卖点的提炼方法，能够熟练提炼卖点			
	产品介绍的思路	15分	理解产品介绍的思路，能够有重点地进行产品讲解			
	不同产品的销售技巧	20分	了解不同产品的销售技巧，能够撰写产品的介绍话术			
工作技能（30分）	产品调研	10分	对直播销售商品进行全面、细致调研，了解产品的使用人群			
	产品分析	10分	能够准备分析产品的卖点、特点			
	话术演练	10分	面对镜头自信、大方地完成直播开场			
职业素养（20分）	诚信自律	5分	遵守行业规则，诚实守信、诚信经营			
	团队协作	5分	快速地协助相关同学进行工作			
	沟通表达	5分	主动提问题，快捷有效地明确任务需求			
	客户思维	5分	充分站在客户角度思考问题			
计分						
总分（按自我评价30%，小组评价30%，教师评价40%计算）						

任务三　促单转化

【任务描述】

某大学农科院跟一家知名主播公司联手，搞了个大新闻——农科院产品零食专场。双方挑选了一款"生巧克力"作为主打产品。这款"生巧克力"是国家重点热带工程技术研究中心，不但具有产业化配套的关键技术，还有 15 000 多平方米的特色产物产品中试基地。产品不但有强有力的背书，在直播过程中，主播也进行了激情的介绍，对产品进行了专业展示，运营的拉新效果也不错，但转化数据却不尽人意，点击购物车的人数一大把，后台支付订单的人数寥寥无几。我们要怎么才能提高转化率，让客户顺利下单呢？

【任务分析】

根据所学知识对直播间催单转化任务进行分析，需按照以下工作步骤实施来完成，如表 7-3-1 所示。

表 7-3-1　工作步骤

工作步骤	工作内容	工作要求
1	了解促单的目的	查阅资料，了解促单的目的
2	理解促单的方法	分析促单转化的三个方法，选取合适的促单方法，营造直播间稀缺氛围感
3	掌握促单的技巧	使用互动、优惠等促单技巧，撰写合适的促单话术

【任务实施】

步骤一：了解促单转化的三个方法，根据任务描述提供的信息，通过互联网查找对应直播视频，明确促单的目的，并将结果填入表 7-3-2。

表 7-3-2 明确促单目的

步骤一	话术或行为	达到心理预期	注意事项
饥饿营销法	限时抢购：		
	预售定金：		
	赠品优惠：		
价格对比法	收集资料：		
	展示资料：		
	快速促单：		
购物期望对比法	提供保障：		
	解决问题：		
	评价案例：		

步骤二：了解促单的三个方法。根据储备知识的学习，结合网络资料，对所推荐产品撰写三个促单的话术，完成表 7-3-3 的填写。

表 7-3-3 三种促单话术

序号	使用方法	环节	话术			主助播注意事项
1	饥饿营销法	直播间福利宣讲				
		严格控制上下架				
		再次进行福利讲解+引导加入粉丝团				
2	价格对比法	收集对比资料	序号	对比内容		
			①	本款产品自身价格优势对比	本次销售价格	历史低价
			②	本款产品VS同规格不同产品优势对比	本款产品	同规格不同产品
			③	本款产品VS不同规格不同产品优势	本款产品/件	不同规格不同产品
			④	不同平台本款产品价格	线上	线下

87

续表

序号	使用方法	环节	话术	主助播注意事项
2	价格对比法	福利对比		
		福利促单		
3	购物期望对比法	服务内容		
		解决问题		
		提供案例		

步骤三：熟悉促单的技巧。4人小组根据要求为"生巧克力"这款产品进行30分钟直播话

术的撰写和演练，并记录演练情况。完成表7-4-5和表7-4-6的填写。

表7-4-5 "生巧克力"直播话术稿

时间	环节内容	话术内容
0～5分钟	如开场（聚人气）	
6～7分钟		
8～12分钟		
13～22分钟		
23～30分钟		

表 7-4-5 促单话术演练评分表

评分内容	成员1	成员2	成员3	成员4
直播语言				
肢体动作				
直播节奏				
互动情况				
优惠设置				

【任务反馈】

一、选择题

1. 促单转化的三个方法有（　　）。（多选题）

A. 饥饿营销法

B. 服务刺激法

C. 价格对比法

D. 物流刺激

2. 以下属于直播互动方式的是（　　）。

A. 优先展示

B. 定点互动

C. 点赞互动

D. 问答互动

3. 在直播实施中可以设置哪些优惠活动（　　）。

A. 会员专享优惠

B. 限时抢购

C. 赠品优惠

D. 满减优惠

二、简答题

1. 简述直播互动的方法有哪些？

2. 简述促单的目的。

【任务总结】

请对本次工作任务实施过程进行总结：

收获与成长

___

___

问题与困难

___

___

【任务评价】

对本次工作任务实施情况、完成态度、团队合作进行评价，填写过程评价表 7-3-6。

表 7-3-6 任务过程评价表

评价项目	评价内容	分数	评价说明	自我评价	小组评分	教师评分
任务实施（50分）	促单的目的	10分	了解促单的目的			
	促单的方法	15分	选取合适的促单方法			
	促单技巧	10分	掌握促单的技巧			
	促单话术演练	15分	结合话术和平台配合，进行直播促单话术演练			
工作技能（30分）	促单的话术	10分	话术能营造稀缺感氛围			
	平台操作	10分	平台操作熟练			
	直播实操	10分	直播表现成熟			

续表

评价项目	评价内容	分数	评价说明	自我评价	小组评分	教师评分
职业素养（20分）	诚信经营	5分	遵守行业规则，诚实守信、诚信经营			
	团队协作	5分	快速地协助相关同学进行工作			
	沟通表达	5分	主动提出问题，快捷有效地明确任务需求			
	数据思维	5分	充分运用数据进行决策、优化策略			
计分						
总分（按自我评价30%，小组评价30%，教师评价40%计算）						

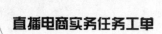

任务四　结束直播

【任务描述】

百万粉丝的网红"陈老师"首次亮相直播间,带货国货饮料选品严格,结果却让人大跌眼镜——流量爆棚,收益却不见起色。团队总结这次直播带货的问题主要出在以下几点:首先,虽然陈老师的短视频在网友们中间好评如潮,但他却没有搞清楚短视频和直播的区别。其次,陈老师在直播间的表现:话术不够流畅,时机把握不到位,购物推动力度不足。最重要的是,结束直播工作简直就是一团糟。原本预定的三小时直播,两小时不到就匆匆下线,连个解释都没有,下次直播预告更是遥遥无期。看来,一场成功的直播,结束直播也是至关重要的。如果结束不到位,留给观众的印象就会大打折扣,甚至影响下一场直播的效果。那么应该如何做好直播结束工作呢?

【任务分析】

根据所学知识对陈老师的直播间排品任务进行分析,需按照以下工作步骤实施来完成,如表7-4-1所示。

表7-4-1　工作步骤

工作步骤	工作内容	工作要求
1	确定直播结束的引导作用	结合直播公司的需求,确定本场直播结束的思路
2	确定直播的结束方式	根据直播结束阶段选择流量引导、转化引导、粉丝引导等
3	撰写直播的结束话术	结合直播产品进行直播收尾话术的撰写
4	进行直播演练	根据产品撰写直播实施话术并进行直播演练

【任务实施】

步骤一:小组选取一场零食类的直播进行观摩,讨论并分析直播间结束的核心思路,根据任务描述提供的信息,结合所学知识,讨论本场直播收尾的思路。完成表

7-4-2 的填写。

表 7-4-2 确定直播结束场景关键词

要求	思路整理（头脑风暴填写场景关键词）	
确定直播结束核心思路	主播结束直播引导客户转入流量平台	
	主播结束直播引导客户转入社群或者粉丝群	
	主播结束直播引导客户实现转化	
	主播结束直播引导客户进入其他平台	

步骤二：小组选取一款国货功能性饮料，根据储备知识的内容，按表 7-4-3 要求撰写对应的直播结束话术。

表 7-4-3 直播结束话术表

形式	话术内容
引导关注	
引导转发	
强调售后	
直播预告	

步骤三：直播结束演练。运用直播实施预热开场、产品介绍、促单转化、结束直播四个环节中学习到的技巧为国货品牌的一款饮料产品撰写话术，并在组内进行直播演练，完成组内的互评。请完成表 7-4-4 的填写。

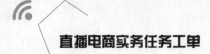

表 7-4-4 直播结束演练评分表

评分内容	成员1	成员2	成员3	成员4
直播语言				
肢体动作				
话术评分				

【任务反馈】

一、判断题

1.电商直播的目的不仅在于盈利，还在于实现品牌的宣传和销售转化。因此，良好的结束至关重要。（　）

2.直播结束阶段，大网红可以直接向观众们道别即可，不需要再进行下场直播预告和约定，只需要开播前通知粉丝和观众即可。（　）

3.直播间的粉丝引导可以直接在公屏上打其他平台的自媒体账号引导关注（　）

4.当直播间留存观众较多，且即将结束直播，可以引导观众关注、转发、强调直播售后以及进行下场直播预告。（　）

二、简答题

1.直播结束的作用是什么？

2.直播结束的方式有哪些？

【任务总结】

请对本次工作任务实施过程进行总结：

收获与成长

_____

_____

问题与困难

_____

_____

【任务评价】

对本次工作任务实施情况、完成态度、团队合作进行评价，填写过程评价表 7-4-5。

表 7-4-5　任务过程评价表

评价项目	评价内容	分数	评价说明	自我评价	小组评分	教师评分
任务实施（50分）	直播结束的作用	10分	在直播结束阶段选择合适的思路			
	直播结束技巧	15分	据直播结束阶段选择合适直播结束方式			
	直播结束话术	15分	结合直播账号现阶段情况明确直播结束核心，并完成话术撰写			
	直播演练	10分	直播过程表述清楚、姿态舒服			
工作技能（30分）	直播实操	10分	直播过程表述清楚、情感丰沛			
	话术撰写	10分	话术撰写能实现引流效果			
职业素养（20分）	诚信经营	5分	遵守行业规则，诚实守信、诚信经营			
	团队协作	5分	快速地协助相关同学进行工作			
	沟通表达	5分	准确、清晰表达排品底层逻辑、理由			
	用户思维	5分	充分考虑用户需求，站在用户角度思考直播品类和排品模式			
计分						
总分（按自我评价30%，小组评价30%，教师评价40%计算）						

项目八 复盘直播活动

任务一 了解复盘知识

【任务描述】

清晨5点,山东威海的海港码头,当满载海鲜的运输船缓缓驶回时,岸上已经人潮涌动,捕鱼渔民、档口老板、货船搬运工瞬间忙碌起来,同时还有一群群主播拿着手机在做直播带货。"眼见为实,哥哥姐姐们,我们直播间销售的海产品都是海港新鲜捕捞的,价格实惠公道,有需要的粉丝可以随时下单。在运输方面,我们也是做足了保鲜工作,大家放心购买。"王芳,威海本地人,意识到生鲜直播的广阔市场后,她立刻组建自己的直播团队,开通了新账号,连续直播了一个多月。作为一个生鲜行业的新直播账号,王芳团队应该关注哪些后台数据呢?如何进行直播数据的复盘呢?

【任务分析】

根据所学知识对王芳的直播间复盘任务进行分析,需按照以下工作步骤实施来完成,如表8-1-1所示。

表8-1-1 工作步骤

工作步骤	工作内容	工作要求
1	了解核心数据定义	查阅资料,了解核心数据的定义及相互关联的关系
2	熟悉数据查看入口	了解不同的数据查看入口,知道核心数据的查看方式
3	熟悉顾客购买路径	明白顾客购买路径和核心数据息息相关,通过核心数据推测顾客购买路径情况

【任务实施】

步骤一:了解核心数据定义。根据任务描述提供的信息,通过互联网查阅资料,了解核心数据的名称及定义,理解核心数据的内涵,并将结果填写至表8-1-2。

项目八　复盘直播活动

表 8-1-2　了解核心数据定义

核心数据		具体内涵
GMV		
五维	直播间曝光人数	
	直播间进入人数	
	商品曝光人数	
	商品点击人数	
	商品成交人数	
四率	直播间点击率	
	商品曝光率	
	商品点击率	
	点击支付率	

步骤二：熟悉数据查看入口。根据所学知识，结合网络资料，了解常见数据的查看入口，完成表 8-1-3 的填写。

表 8-1-3　熟悉数据查看入口

序号	查看入口	数据截图
1	抖音电商罗盘	在浏览器输入网址，输入店铺账号密码，截图数据，尝试发现波动数据。
2	巨量百应	

续表

序号	查看入口	数据截图
3	巨量千川	
4	账号后台	

步骤三：熟悉顾客购买路径。了解顾客每一步路径以及其中关联的数据，记录在表8-1-4中。

表8-1-4 各平台工具选品

序号	路径步骤	内涵表现	相关数据
1	点击进入直播间	在直播活动中，观众可以通过免费流量和付费流量两种方式进入直播间。当观众通过任何一种方式进入直播间后，会产生一系列的数据	直播间点击率和平均停留时长。直播间点击率一般又称为看播率，指的是直播间的点击次数占直播间的推荐数的比重大小。平均停留时长则是指观众进入直播间后的平均停留时间
2			
3			

续表

序号	路径步骤	内涵表现	相关数据
4			
5			

【任务反馈】

一、不定项选择题

1. 以下属于"五维四率"中的"五维"的是（　　）。

A. 商品曝光人数

B. 商品点击人数

C. 商品成交人数

D. 直播间点击率

2. 以下不属于"五维四率"中的"四率"的是（　　）。

A. 商品曝光率

B. 商品点击率

C. 点击支付率

D. 商品成交人数

3. 直播间顾客购买的行为路径有（　　）。

A. 直播互动展现

B. 反映产品质量

C. 点击进入直播间

D. 下单购买转粉

二、判断题

1. 在商品详情页面中，直播团队可以通过优化设计、突出亮点、增加购买按钮等方式来提高点击转化率。（ ）

2. 在直播活动中，观众可以通过免费流量方式进入直播间。（ ）

3. 商品点击率一般指的是直播间内商品的曝光人数与进入直播间的人数的比值大小。（ ）

4. "五维四率"分析，也被称为直播间流量漏斗分析。（ ）

5. 抖音电商罗盘是抖音电商官方推出的数据产品，帮助商家/达人/机构以数据引领生意增长，让生意增长有洞察方向，让生意经营可诊断、可优化。（ ）

三、简答题

1. GMV 的定义及影响因素是什么？

2. 五维四率的定义是什么？

【任务总结】

请对本次工作任务实施过程进行总结：

收获与成长

_____

_____

问题与困难

_____

_____

【任务评价】

对本次工作任务实施情况、完成态度、团队合作进行评价，填写过程评价表8-1-5。

项目八 复盘直播活动

表 8-1-5 任务过程评价表

评价项目	评价内容	分数	评价说明	自我评价	小组评分	教师评分
任务实施（60分）	了解核心数据定义	20分	明晰核心数据的定义			
	熟悉数据查看入口	20分	知道核心数据查看方式方法			
	熟悉顾客购买路径	20分	了解顾客购买步骤及受影响的相关数据			
工作技能（20分）	资料查阅	10分	翻阅相关网络资源，搜索相关资料			
	数据调研	10分	完成不同平台的数据查看工作			
	平台操作	10分	熟练操作各个数据分析平台			
职业素养（10分）	沟通表达	5分	准确理解任务，和成员充分沟通			
	数据思维	5分	灵活使用数据进行决策、优化策略			
计分						
总分（按自我评价30%，小组评价30%，教师评价40%计算）						

任务二 分析复盘数据

【任务描述】

靠山吃山，靠海吃海。近些年，人们的消费习惯逐渐从线下转到线上，电商快速发展也为海鲜销售带来另一种可能。今天，山东威海海鲜凭借着质优价廉的优势，逐渐在全国海鲜市场打出名号，海鲜直播也越发火热，吸引了大批消费者下单购买。其中，王芳组建的直播团队，新开设了一个直播账号，团队正苦于不懂得如何根据直播数据进行优化提升，提高直播的成交额。

【任务分析】

根据所学知识对王芳的直播间排品任务进行分析，需按照以下工作步骤实施来完成，如表 8-2-1 所示。

表 8-2-1　工作步骤

工作步骤	工作内容	工作要求
1	清晰分析复盘数据的步骤方法	明晰分析复盘数据的每一个步骤的流程和手续
2	了解直播间数据波动的常见类型	结合"五维四率"和顾客购物行为路径，清楚数据波动的类型
3	合理分析数据波动背后的原因	综合考虑数据波动背后可能存在的多方面原因
4	能根据数据波动类型提出优化建议	结合多方面的原因，提出优化提升的可行性建议

【任务实施】

步骤一：清晰分析复盘数据的步骤方法。结合所学知识，了解分析复盘数据的流程，完成表 8-2-2 的填写。

表 8-2-2 清晰分析复盘数据的步骤方法

序号	步骤	方法
1		
2		
3		
4		
5		

步骤二：了解直播间数据波动的常见类型。结合所学知识，明确常见的数据波动类型，完成表 8-2-3 的填写。

表 8-2-3 了解直播间数据波动的常见类型

序号	类型	表现
1	高直播间曝光 低直播间进入	
2	高直播间进入 低商品曝光	
3	高商品曝光 低商品点击	
4	高直播观看 高直播流失	
5	高商品点击 低商品转化	

步骤三：分析数据波动背后的原因。查看本校直播账号数据后台，了解该账号"五维四率"存在的问题，分析问题出现的多个原因，完成表 8-2-4。

表 8-2-4　分析数据波动背后的原因

核心数据		具体数值
GMV		
五维	直播间曝光人数	
	直播间进入人数	
	商品曝光人数	
	商品点击人数	
	商品成交人数	
四率	直播间点击率	
	商品曝光率	
	商品点击率	
	点击支付率	
波动类型		
原因分析		

步骤四：优化数据提升措施。综合以上分析，提出提升直播间成交额的建议，完成表8-2-5 的内容填写。

表 8-2-5　优化数据提升措施

波动类型	优化方向	优化建议

项目八 复盘直播活动

【任务反馈】

一、不定项选择题

1. 以下属于数据波动类型有（　　）。

A. 高直播间进入、低商品曝光

B. 高商品点击、低商品转化

C. 高商品曝光、低商品点击

D. 低直播观看、高直播流失

2. 当出现高直播间进入、低商品曝光的情况时候，可以优化提升的方向有（　　）。

A. 曝光频率

B. 场景搭建

C. 曝光渠道

D. 选择优品

3. 当出现高商品点击、低商品转化情况的时候，不可以优化提升的方向有（　　）。

A. 主播话术

B. 增加营销

C. 提高互动

D. 直播节奏

二、判断题

1. 直播在某个时间段内获得了较高的曝光量，但进入直播间的人数却相对较少。这可能是由于直播间的场景搭建、短视频引流、产品预告等没有吸引力导致的。（　　）

2. 直播在某个时间段内吸引了大量观众进入观看，但是观众在直播过程中的流失率也相对较高，实际最高峰值人数并不多，甚至平均停留时长也很低，这说明直播间承接流量的能力较低，不能持续把控流量。（　　）

3. 场景搭建过程中可以优化用户预览到直播间的画面，调整场景氛围感，提高画面画质，保障音效收音清晰（　　）。

4. 主播增加话术引导，多多引导粉丝点击购买连接，可以增加商品链接曝光的频率（　　）。

5. 主播话术不需要直击用户痛点，配合限时限量等营销活动，营造紧张的库存有限的氛围。（　　）

三、简答题

1. 五维四率数据波动的常见情况有哪些？

2. 简述高直播观看、高直播流失的数据波动情况出现的原因。

【任务总结】

请对本次工作任务实施过程进行总结：

收获与成长

_____

_____

问题与困难

_____

_____

【任务评价】

对本次工作任务实施情况、完成态度、团队合作进行评价，填写过程评价表 8-2-6。

表 8-2-6 任务过程评价表

评价项目	评价内容	分数	评价说明	自我评价	小组评分	教师评分
任务实施（50分）	清晰分析复盘数据的步骤方法	10分	明晰分析复盘数据的每一个步骤的流程和手续			
	了解直播间数据波动的常见类型	15分	结合"五维四率"和顾客购物行为路径，清楚数据波动的类型			
	合理分析数据波动背后的原因	15分	综合考虑数据波动背后可能存在的多方面原因			
	提出数据优化建议	10分	结合多方面的原因，提出优化提升的可行性建议			

续表

评价项目	评价内容	分数	评价说明	自我评价	小组评分	教师评分
工作技能（30分）	数据分析	10分	查看数据，准确概括数据波动类型			
	原因分析	10分	根据数据问题，全面考虑可能存在的原因			
	优化建议	10分	综合分析可以提升的空间			
职业素养（20分）	数据思维	5分	敏锐察觉到问题数据			
	用户思维	5分	充分考虑用户需求			
计分						
总分（按自我评价30%，小组评价30%，教师评价40%计算）						